日本サッカー辛航紀

愛と憎しみの100年史

佐山一郎

光文社新書

はじめに

本書の執筆のきっかけは、日本研究で名高いイギリス人、ロナルド・ドーアの著作『幻滅――外国人社会学者が見た戦後日本70年』(藤原書店、二〇一四年)を知ったことに始まる。同書は日本社会の変化を綴る章と、それに対する彼自身の言動・著述に表れた対応の章とを並列させるニュータイプの歴史書だった。たどり直すべき精神の変遷と幻滅(脱・錯覚)があるという点でも、ウォッチし続けてきた日本サッカーに応用が利く。そんな直感がはたらいた。

直感はやがて確信に変わる。名勝負の羅列だけがサッカー史ではない。創造の主体は選手、監督、審判員にだけあるわけではなく、観る人、報《し》らせる人、催す人をも含む。サッカーもまた映画や演劇のように、内外の不特定多数を巻き込む運動や装置として生きてきたのだ。本書でこれから掘り起こして行くことになる歴史的転換点もいくつかあった。

小・中・高等学校のほとんどの時間が一九六〇年代の東京にあった私は、どうやらチームを一から創《つく》らねばならぬ星回りにあったようだ。「サッカーどころ」といわれる地域と都内は違う。手頃な野球チームが近くにあれば、その時代の子どもらしく私もまたあの南北戦争の帽子と軍服に由来する厚着をしていただろう。決めつけてはいけないが、環境面をも含む野球諦め派の受け皿がサッカーだった、少なくとも私たちの少年時代までは。

一九六八(昭和四三)年に始まる高校時代は、ご多分に漏れずフォークやロック音楽に落第しそうになるほど熱中した。だが禁忌の対象にされた「長髪」にはジョージ・ベストというサッカー側の心強い弁護人がいてくれた。「出ルト負ケ全日本」に愛想を尽かし、失望と離脱の歳月を過ごしたものだが、八〇年代からは出版人のハシクレとなり、サッカー界の変容を現場で自分なりに見つめることになった。

選手、監督、協会役員との距離はコメント取り記者黙殺の〝ミックスゾーン戦車〟が走る今よりは格段に近く、同じ航空機やバスに乗って「敵地」に向かうことさえあった。「応援するな、身びいきするな、お客になるな」のジャーナリズムの鉄則などどこ吹く風で互いの家を行き来したこともあったのだから、まことに有り難い青春の延長戦である。早世した作家ブルース・チャトウィンの自叙伝タイトル『どうして僕はこんなところに（What Am I Doing Here?）』（池央耿・神保睦訳、角川書店、一九九九年）のような気分を、平壌《ピョンヤン》を皮切りに世界各地で味わった。手痛い敗戦のたびに見つめ直しをはかる原稿をいったい何本書いたことか。脆弱さを補償しようとするサッカー界特有の奇妙な連帯感に包まれながら私は老いた。

現場取材から身を引いた二〇〇七年以降は、サッカー関連書の書評作業で更なる蓄積をはかり、地味ながらも星霜《せいそう》の闇や変容の本質に迫ろうとしてきた。その間、出版関係の友人が一人、二人、また一人と世を去った。

サッカー観が変わり始めたのは、いつ頃からか。費やした時間に見合う成果がこれではいくらなんでも少な過ぎやしないか。向上する兆しのない実況解説に象徴される軽佻な風《ふう》が、以前にも増して気になるようになった。個々の仕事が真の経験となっていかないのは、反省の時間も元々の資質もないからなのか。

二〇一四年ブラジル・ワールドカップでの失敗（グループリーグ敗退）の最大要因が、コンディション調整の失敗であったことを知る人は少なくない。アルベルト・ザッケローニ監督時代のこの過ちには岡野俊一郎ＪＦＡ（日本サッカー協会）元会長も怒りを禁じ得ず、専門誌のインタビューで痛烈な批判をしていた。

「これほど徹底して見当ちがいのエネルギーの浪費、これほど虚しい人間群の血と涙の浪費の例」（山田風太郎『魔群の通過』）――を日本サッカー界に求めれば、あり過ぎて数えきれぬほどだ。

離脱感情は幻滅の前後に発生する。しかしそれはまた解明と提言への第一段階ともいえる。柳瀬尚紀《やなせなおき》『フィネガン辛航紀』（河出書房新社、一九九二年）にちなんだ「辛航」を書名に用いた理由は、愛と憎しみの相克する混沌の時代がサッカー界にあったからである。弱々しいくせに手荒。そんな悪性マゾ業界特有の〈負〉の感情にとりつかれながらもなんとか続けてこられたのは、Jリーグの誕生（一九九三年）やワールドカップ初出場（一九九八年）を成し遂げてしまう「苦あれば楽あり」を諦めなかったからに違いない。『忠臣蔵』物語の討ち入りのようなパッと晴れての雪辱の物語も、しかし今ではすっかり消費され尽くしてしまった。

無理解と一過性ブームに翻弄されてきたサッカー界には艱難辛苦《かんなんしんく》が宿命のように伏在する。上位者の器の小ささがメジャー化によって露わになってしまうパラドックスに鼻白む人たちも最早、少数派ではない。そうだとすれば、日本社会にとってのサッカーとはいったい何だったのか。疑似宗教さながらに生の証として求められて行くであろうこのボールゲームを、持続可能《サステイナブル》な復元力のあるものにするためには何を軸にして構想すべきなのか。本書はそうした課題設定の一助となることを願う、生きのびて欲しい記憶とわが魂の変遷の記録である。

平成三〇年 戊戌《つちのえいぬ》　早春

大岡山にて　　著者識

日本サッカー辛航紀

目次

第一章

戦争から東京オリンピック前夜

一九二〇 - 一九六〇年代

第一節　消えたFA杯

東京蹴球団《しゅうきゅうだん》のスター選手

蹴鞠《けまり》についての原稿を何度か寄稿したことがある。〈日本人のリフティング好きは蹴鞠文化と分かちがたい。冗談抜きにシュートより好きなのではないか〉。そんな疑念が発端だった。

蹴鞠研究で名高い渡辺融《とおる》東京大学名誉教授の都内のご自宅では、聴講生さながらのインタビューをした。賭博研究の第一人者である増川宏一さんからは、関西のご自宅で民衆史の視点であれこれうかがうことができた。どれも二〇〇〇年代に入ってからのことである。

その増川さんによると、想像以上に激しいスポーツである蹴鞠では、衣服を賭けることがあったという。蹴鞠＝神事の条件反射はやはりおかしいとの思いを強くするきっかけを得られ、貴重な取材体験になった。

鞠には鹿革が使われる。廃れた原因に五代将軍徳川綱吉の制定した「生類憐《しょうるいあわれ》みの令」を挙げる大胆仮説を目にしたこともある。しかし忘れられないのは、渡辺氏に東大野球部の監督歴があることだ。学問領域でサッカー関係者は何をしてきたのだと人材難に憂いを抱いた。蹴鞠に限った話ではない。近代以降の日本サッカー史を掘り下げる人もごくわずかでしかなかった。一九六四（昭和三九）年の東京オリンピックや一九九三（平成四）年のJリーグ開幕を起点にすることで葬り去られてしまう歴史的事実が多過ぎる。

この基礎的史料がなかったら、それこそサッカー界の「全記憶喪失」だったと『日本サッカーのあゆみ』（日本蹴球協会編、講談社、一九七四年）を手にとるたびに薄ら寒いものを感じる。副題には「THE PROGRESS OF SOCCER IN JAPAN 日本蹴球協会創立50年記念出版」とある。

『50年史』と通称される函《はこ》入りの同書は、七四年刊行の浩瀚《こうかん》な歴史書でマニアックな存在感を放つ。その『50年史』では、公式国際試合の戦績中心で編まれなかったことが吐露されている。たしかに四半世紀に一度の刊行であれば、一九四九（昭和二四）年あたりで最初のパブリックヒストリーを残せたことになる。だが、いきなり半世紀分となれば、優先すべき事柄が多過ぎて試合の記録にまでページを割けない。

『天皇杯六十五年史　全日本サッカー選手権全記録』（日本サッカー協会発行、一九八七年）もまた、なくてはならない一級史料だ。『50年史』のときと同じように五年がかりであったという。

第一部「終戦まで（第1回～第25回）」に収録された座談会が、まず目に留まった。『天皇杯六十五年史』は、一九二二（大正一〇）年一一月の第一回大会（東京日比谷公園グラウンド）から筆を起こしている。

小野卓爾　最初に全日本の優勝杯、ＦＡカップを大会名誉会長エリオット駐日英国大使から授与された山田午郎主将（東京蹴球団）は、講談社の少年雑誌の人気投票で1等になったことがあるんです。

鈴木武士　少年たちのヒーローだったわけですね。それはサッカーの、ですか。

小野　そう。サッカーの選手で1等をとった。その午郎さんたちは（普及、技術向上のために）自費で北海道などを回ったんですよ。

鈴木　ところが、その東京蹴球団が大正12（1922年）の第2回大会に出場していない。なぜですか。

宮本能冬　予選で負けたんですよ。

（同書第一部より）

座談会出席者のプロフィールは以下のようになる。

山田午郎（一八九四‐一九五八）福島県出身。青山師範卒。小学校教員中の日本代表監督を経て一九二六年、朝日新聞入社。サッカー記者の草分け的存在。

小野卓爾（一九〇六‐一九九一）北海道出身。札幌一中を経て中大サッカー部を創部し四二回大会では監督として優勝。一九三五年から一九七六年まで協会の要職を歴任。

鈴木武士（奈良原武士）（一九三七‐二〇〇七）東京市出身。早大露文科卒業後、共同通信入社。九七年退社後フリー。

宮本能冬（一九〇七‐一九九四）。青山師範卒。東京蹴球団（東蹴）第四代団長。JFA常務理事などを歴任。

座談会で小野が挙げている「講談社の少年雑誌」とは、往年の人気雑誌「少年倶楽部」のことだろう。日本一を決める最初のカップ戦が行なわれた大正一一年は壊滅的打撃を及ぼした関東大震災の前年にあたる。江戸川乱歩がデビュー作『二銭銅貨』を書き上げた前年でもある。

好意的に見れば、サッカー・ブームの萌芽のようなものが大正時代の後期にあったと言えなくもない。無理にこじつければ、一四年後の一九三六（昭和一一）年、ベルリン五輪でスウェーデンを破った日本チームは、山田の牽引したブームらしきものの落とし子ということにもなる。むろん、山田午郎の教え子たちの組織票によるつくりごとの一等であった可能性も否定できないが……。

「銀器献納」という歴史的転換点

しかしここで目を向けて欲しいのはブームの萌芽についてではない。FA（イングランド・フットボール協会）からの大銀杯寄贈をきっかけに慌てて大日本蹴球協會（日本サッカー協会／JFAの前身）とア式蹴球全國優勝大會（天皇杯の前身）を創設したにもかかわらず、そのカップがどこにも残っていないのだ。

消えたFA杯の話を更に続けよう。

イングランド協会からカップを寄贈された一九一九（大正八）年は第一次大戦終結の翌年である。日英同盟（一九〇二～二三年）はなんとか効力を保ち（郵便物をイギリスから日本へ送る際の「植民地扱い＝国内郵便と同額」は依然続いていたと思われるが）、大日本帝國は同年一月のパリ講和会議で列強の一つに数えられるようにまでなる。一九一九年は米騒動が各地で起き、原敬《たかし》首相の本格的政党（政友会）内閣が生まれた年でもある。

事の顛末が『日本サッカーのあゆみ』に示されている。

今、50年記念誌の作製上、調査ができなくて困ると嘆いてはいるが、このころの毎日は『命懸け』だったのである。若い人にはわかってもらえないかもしれないが、国とともに死ぬ覚悟の毎日であった。

１９４５（昭和20）年1月19日、スポーツ関係の銀器献納で、イギリスから贈られた意義深いＦＡ杯など純銀製のもの5点は、ほかの競技団体のものと一括して姿を消した。今考えてみれば、遺憾にたえぬ次第である。

（第5章「世界の孤児」より）

金曜日だったその〈一・一九〉を「スポーツ蹂躙《じゅうりん》の日」として記憶し続けた日本人は恐らく一人もいないだろう。文学者や画家の戦争賛美を問うた人はいても、スポーツ関係者の責任論を展開する者はなく、ひたすらスポーツ受難史観に守られるばかりなのである。だが、戦後その歴史的事実をどう考えてきたかについては、やはり問われるべきだろう。純銀製FA杯にまつわる苦いエピソードが今なお続く政治とスポーツとの隠微な関係性をあぶり出す。もっとも、戦時下の蹴球界は想像以上の圧力を受けていたようだ。皮革を用いる用具の制限が、日中戦争の勃発した一九三七（昭和一二）年の年末に始まっている。ボールは切符制となり、各地域協会に以下の括弧内の数で割り当てられたという（関東七四三、関西五六、中国一六八、東海一六五、東北八四、北海道八二、北陸六八、九州四八、朝鮮三八、台湾一二）。軍国主義が深刻化する中、〈鬼畜米英・英国発祥の競技〉という理由だけで補助金が出されないこともあったらしい。校庭の鉄棒までもが供出された時代である。しかしそれでもなお大日本蹴球協會が〈日本精神〉を鼓舞した事実は残る。

　決定的な記述が、この高嶋航《こう》（京大准教授）の労作『帝国日本とスポーツ』（塙書房、二〇一二年）の中にある。

蹴球界は外来スポーツ排撃の風潮にいちはやく対応した。一九三七年から「蹴球の鍛錬を通じて優秀な成果をもった日本国民を練成するのだといふ精神主義」を盛り込み、明治神宮大会前には参加者全員が芝の増上寺で錬成合宿を敢行した。その目的は「役員選

士一団となって全生活を投じて神事奉仕の誠を致し、敬神崇祖の観念を強固たらしめ、滅私奉公を以て新東亜建設の礎たらんとする心身と健全有為の臣民中核分子の完成に寄与せんとする」ことにあった。翌年の明治神宮大会では錬成合宿を無断で欠席した盛岡中学が棄権に追い込まれている。

（Ⅱ明治神宮大会の系譜　二「戦時下の明治神宮大会」より）

先に引いた『天皇杯六十五年史』の座談会をさらに読み込むことで、一九三五（昭和一〇）年〈第一五回全日本選手権大会〉の優勝チームにFA杯が授与されていないことが分かってくる。次年に迫るベルリン五輪に向けての強化策として〈明治神宮体育大会〉（前名称・明治神宮競技大会／隔年開催）との切り離しがその年行なわれ、全日本選手権は学生、クラブも参加できる最高の大会としての〈全日本総合選手権〉に名称を変えている。

ＦＡ杯は現在の国民体育大会の前身ともいえる〈明治神宮体育大会（兼全国地方対抗）〉の優勝チームに渡すことにして、〈全日本〉には代わりに日本蹴球協會杯を贈ることになった。それによりＦＡ杯の授与は一九三七（昭和一二）年の〈第九回明治神宮体育大会〉優勝チーム（早大ＷＭＷ）が最後となった。

日本一を決めるこの大会で、従来通りの授与がなかった一九三五（昭和一〇）年の優勝チームは外地（植民地）・朝鮮予選で全平壌を破って初参加した全京城だった。二日間で三試合をこなしたクジ運の悪い東京文理科大学（現・筑波大学）との決勝戦を、一日二試合だけで済んだ全京城が六‐一で制し日本蹴球協會杯を授与されている。

ＦＡ杯を外地に持って行かれそうになる事態と、敵愾心《てきがいしん》を煽る〈鬼畜米英・英国発祥の競技〉――との関連性については不明である。この一九三五（昭和一〇）年時点ではまだ〈鬼畜米英〉のスローガンはなく、バイアスはかかっていなかったと考えたいが、一九三一（昭和六）年九月の満州事変（中国側呼称は九・一八事変）と一九三二（昭和七）年一月の第一次上海事変勃発以後は、軍事的成功により世論の空気が好戦ムードに一変している。一九三四（昭和九）年頃からは陸軍将校がそれまでの洋刀を日本刀に変え、「皇軍」という呼称が使われるようになっていた。

一九三六（昭和一一）年の二・二六事件は、「小憎らしいまでに粒を揃えていた京城軍」（山田午郎）による「日本一」翌年のことである。全京城には三六年八月のベルリン五輪日本代表チームで活躍し、今も韓国内で伝説的存在のＭ　Ｆ《ミッドフィールダー》金容植《キムヨンシク》（一九一〇‐一九八五）がいた。

朴景浩《パクキョンホ》・金徳起《キムドツキ》著『日本は敵・ＪＡＰＡＮは友』（オークラ出版、二〇〇二年）によると併合植民地からの日本代表候補は、天才スタープレーヤー金永根《キムヨングン》はじめ七人に達したという。全日本選手権における（朝鮮）半島勢のその後の優勝はないが、普成専門《ポソン》（高麗大学の前身）、延禧《ヨンヒ》専門（延世大学の前身）、全普成、全延禧などのチームが毎年優勝候補の一角を占めて行く。

わかりづらい帝国日本のサッカー史をたどり始めると際限がない。だが、これだけは言える。四四年から敗戦（終戦）までの一年半で全体の九割もの戦死者を出し、損耗《そんもう》率が通常戦争の限度を遥かに超えてもなお止められない異常さを象徴しているのが、敗戦数カ月前のFA杯供出なのである。近現代日本サッカーの起源ともいえるFA杯の真の価値を知る誰かが、フットボーラーのフットボール的責任において保存していたという至上の美談を諦めきれない私がいる。

「銀器献納」の事実は、重要な歴史的転換点の一つである。〈歴史は作り出すものではない。勿論、作り出したものではない。歴史が吾々を作り出したのである〉（福田恆存《つねあり》「私の歴史教室」）――のひそみに倣《なら》えば、サッカー界特有の不安定さもこの上なく当然なことのように思える。大会名称、日程、開催地の頻繁な変更は、草創期から続く負の伝統といえる。

戦争によるサッカー界の損耗のひどさについては、日本選手権の第二一回（一九四一〈昭和一六〉年度）から第二八回（一九四八〈昭和二三〉年度）までの経過を次掲することで、より一層鮮明になるはずだ。

第二一回　中止
第二二回　中止
第二三回　中止
第二四回　中止
第二五回　中止
――（敗戦）――
第二六回　決勝　東大ＬＢ　六‐二　神戸経大（※ＬＢはスクールカラー Light Blue より）
第二七回　中止
第二八回　中止

伝統を誇る「天皇杯サッカー」も、その賜杯《しはい》は戦後の「東西対抗」勝者に授与されるものに過ぎなかった。竣工間もない仙台市・宮城野サッカー場で行なわれた一九五一（昭和二六）年五月の第三一回大会が、「天皇杯」と全日本選手権大会の結合した最初の大会なのである。

第二節　人それをサッカーと呼ぶ

蹴球、サッカー、フットボール

さすがに今、サッカーを「蹴鞠」と呼ぶ人はいない。意識下に沈む蹴鞠は、元日・天皇杯日本選手権決勝の前座パフォーマンスや大会プログラムの表紙画にふさわしいものとされてきた。蹴鞠はまた誤発音の「フートボール」で通用していた一九世紀末までの訳語でもある。

そもそも〈蹴球〉〈サッカー〉〈フットボール〉と混用し、呼称曖昧のままできたことは何を意味するのか。これもまた、枝葉末節のテーマにしておくわけにはいかない難題である。〈日本サッカー協会〉が正式名称なら、ＪＦＡ（Japan Football Association）ではなくＪＳＡ（Japan Soccer Association）じゃないのと少なからぬ人たちが不思議に思っている。

「サッカー」呼称が一般的なのは楕円球使用のフットボールが盛んなアメリカ、カナダ、オーストラリア、南アフリカ、ナミビア。あとは、ゲーリック・フットボールが国技のアイルランド（英国直接統治下の北アイルランド六州を除く）くらいのものだろう。これら「サッカー・

ネーション」の中でもカナダ（Canadian Soccer Association）とアメリカ（United States Soccer Federation）だけは連盟の名前にサッカーを使用しており、少数派中の少数派なのだが、やるせないようなマイナー感も漂う。しかし、いちいちサッカーを「フットボール」と神経質に言い換えるのもくたびれる話だ。

最高峰の写真集『FOOTBALL days』（Mitchell Beazley 社、二〇〇三年）で知られる写真家ピーター・ロビンソンに「本場イングランドで『サッカー』は仮死語ですか」と尋ねてみたことがある。そこでの返答は、「イングランドではスノッブな広告関係者がサッカーと言いたがる」。ええっ、母国じゃ「サッカー」、そういう位置づけなんですかと己の不明を恥じてしまった。社会的弱者から一気にエリート層に昇格とまでは言わぬが、これもまたしっくりこない話ではある。日常会話での「フットボール」はどこかキザったらしく、スノビッシュな印象を与えてしまう。

しずかな混乱は今も続くどころか未来永劫続いて行きそうだ。日本にいくつかある専門誌の誌名においても、サッカー派とフットボール派とでほぼ二分されている。

本章の主要テーマにふさわしいこの〈呼称曖昧問題〉では、「野球」のような和製漢語の定着がなかったことに着目すべきである。またなにゆえに「蹴球」は先細ったのか……。

ベースボールを直訳の「底球」にしてしまっては、テニスの「庭球」と同音異義語になる。そう考えて「野球」を思いついたのは教育家・中馬庚《ちゅうまんかのえ》、一八九四（明治二七）年のことである。近代文学の祖・正岡子規《まさおかしき》が、本名の升《のぼる》にちなんで「野球《のボール》」を雅号の一つにしたという説もよく知られている。文学↑↓野球の相互浸透に熱中した子規は「打者」「走者」「四球」「直球」「飛球」などの翻訳も試み、二〇〇二年に野球殿堂入りを果たしている。ベースボールの「球戯」訳は空振りに終わったが。

サッカーが外来語のままでいる理由は、一九四八（昭和二三）年に「蹴（球）」の字が当用漢字一八五〇字から外れてしまったことも大きい。減らすことを決めたのは、山本有三《ゆうぞう》が当用漢字主査委員長を務めていた国語審議会である。山本は、小説『路傍の石』（一九三七年）や数々の戯曲で知られた大物作家で、戦後は貴族院勅選議員と参議院議員を務めた。〈国語国字問題〉が顕在化した戦後体制では漢字減らしが急がれた。活字鋳造コストの問題が大きくからんでいたからだ。そしてついに「蹴」の字は〈当用漢字表〉という名のピッチから追い出されてしまう。

ならば「フットボールでGO！」と各新聞社で統一しようにも、接収された明治神宮外苑競技場（のちの国立霞ケ丘競技場）からしてナイル・キニック・スタジアムに改名中。海軍パイロットに志願後事故死したという、そのアメフトの英雄の名を知る日本人は皆無に等しい。だが、公権力を持つ連合国軍総司令部（GHQ／SCAP）の意識に「アメリカン・フットボール」が大きな地位を占めているとなれば、もはや選択肢は一つしかない。「サッカーでGO！」となった背景には、そんな占領下ならではの事情があったと思われる。

外来語にひそむ耐えられない軽さ

公認エリート教育の場である〈旧制高校〉の廃止も「蹴球」派にとっては痛かった。帝国大学の予科的性格を持つ三年制（うち九校のみ、中等学校相当分四年を含む七年制）の旧制高等学校は、同世代男子人口の一パーセントにも満たぬ少数エリート的環境。四〇校近くあった官・公・私立の旧制高校の多くが英国流パブリックスクール（イートン、ハロー、ラグビーなど六四校）を範とし、全寮制を敷いていた。旧制高校は、一八八六（明治一九）年から一九五〇（昭和二五）年の廃止までに二一万五〇〇〇人を送り出している。大正時代末期に参加八校で始まる（旧制）全国高等学校ア式蹴球大会が、サッカー界のゆりかごの一つであったことに異論をはさむ余地などない。大会出場校は最多で三〇校にのぼった。

余談になるが、「おっ、ア式（蹴球）でケガをしたのか」と地元の老外科医ににこやかに迎えられたことが若い頃にあった。あの老医師は旧制高校出身者だったのだろう。

ＪＦＡでいえば、Ｊリーグ開幕翌年の一九九四年までの会長経験者七人中のほとんどが旧制高校→帝国大学進学組（うち一名のみが教員養成期間の師範学校卒）で、民主教育の申し子である新制高校出身者は一人もいなかった。世代間対立の常で、旧制高校世代から見ればノブレス・オブリージュ（貴種に伴う義務）を知らぬ新制高校世代の世界観は、あまりにチャイルディッシュ。反対に年下世代から見れば、旧制高校で超のつくエリート教育を受けた先達は、アナクロで煙たい存在に映る。両者間の気風の違いは小さくなかった。

戦前からあったこの「蹴球」呼称の衰微《すいび》に対して淡白でいられた理由にまず挙げるべきなのが、ラグビー部との先陣争いだ。京都のナンバースクール、第三高等学校蹴球部の実質はラグビー部だったし、七度の最多優勝歴を誇るインターハイの強豪、岡山の第六高等学校蹴球部はサッカー部、と紛らわしいのだ。

慶應義塾体育会ソッカー部の場合は、二度の変更を経て「ソッカー部」に落ち着き、二一世紀の一〇年代にまで至る。ソッカー部はラグビー開祖の慶應蹴球部の後塵を拝したことになるが、要は早い者勝ちだった。戦前の大学ラグビーは、半ばプロ化していた東京六大学野球の比ではないものの、大衆のウケはよかった。ラグビーには、サッカーにはない相撲のぶちかましの要素がある。戦前人気を博した都会派モダン雑誌「新青年」のスポーツ関連記事を調べて驚いたのは、サッカーに関するものがまるで見あたらないことだ。編輯《へんしゅう》部員の好き嫌いの問題だけでもなさそうだった。

　当用漢字の「当用」とは、さしあたり用いることである。ところがそのさしあたりが長い。「蹴」が中学生の習う追加字種の一つとして復活するのは、戦後二度目二九年ぶりの改定常用漢字表として採用される二〇一〇（平成二二）年である。それによって「蹴球」復活論が澎湃《ほうはい》として起こるはずもなく、「蹴球」の発語には周囲の〝塩対応〟だけが待っている。

　新聞テレビ欄に「スポ教選 蹴球・FW」（Eテレ）を見つけて驚いたのは比較的最近のことだが、局側の苦肉の策でしかなかったようだ。「テレビスポーツ教室　サッカー・フォワード編」と表記していては三〇分番組用の文字数に収まり切らない。ケイキュウと誤読してしまう〝ヤンキー脳〟の人もいる。

「野球」のような訳語定着ということでは〈とんかつ〉の人気を考えるべきだ。今やとんかつは洋食という名の日本料理である。ポークカツレットやカツレツとは言わなくなっている。そう考えると、和名「蹴球」の廃《すた》れ方は目を覆うばかりだ。ビジネススーツの「背広《せびろ》（＝サヴィル・ロウ）」ですら、まだ口にする人がいるというのに。

「闘球部」や「ラ（グビー）式蹴球部」が今も残存するラグビー界も似たようなものだ。財団法人化に伴い「日本蹴球協会」が、「日本サッカー協会」に改称したのは一九七四（昭和四九）年八月のこと。一九二一（大正一〇）年の「大日本蹴球協會」創立から実に五三年後のことだった。任意団体にしては助成規模が大き過ぎる。しかも当用漢字に「蹴」はないぞとばかりに、「奨励」という名の圧力をかけたのは文部省だった。

いっぽう、今の「日本ラグビーフットボール協会（ＪＲＦＵ）」の前身である「日本ラグビー蹴球協會」の発足は一九二六（大正一五）年。スタートはサッカーの五年後だ。当初の協会機関誌においても「蹴球」（現「JFAnews」）をサッカーに先行されたためか、「ラグビーフットボール」（戦後は「ラグビー・フットボール」）が誌名である。

兄弟フットボールのサッカー、ラグビーのどちらの肩を持とうが、その呼称がいまだ外来語という事態は軽いようでいて重い。守るべき日本固有の競技と錯覚しようにもそうできないのか、あるいはまた錯覚する必要も情熱もないからなのか。戦時下の一九四二（昭和一七）年から見られた自主的な日本化の中で、陸軍のプロ野球への干渉は敵性（声）語の言い換えを招いた。いまだに語り草の、「ストライク」を「正球（審判は〝ヨシ一本〟）」、「セーフ」を「安全（審判は〝ヨシ〟）」としたことなどへの免疫反応としての片仮名呼称＝サッカーと考えることもできそうだ。
(As)soc《協》(iation)《会》の決めた「football」に接尾辞「er」を付けての「soccer」は、イングランドの学生たちの身内言葉《ジャーゴン》ではじまり、それ相応に最適化された語感を有している。表意語としての意味性よりも音感優位。敏速な動作をともなう印象だ。カジュアルな分だけ、（俗語表現でいうところの）チャラくもある、その特有の軽過ぎる響きにこそ、足偏一九画の「蹴」（球）を捨て去る因果必然があったのだろう。

第三節　一九六四年東京オリンピックへ

後藤健生と真井新の「労作」

予備考察にもう少しだけお付き合い願いたい。

ＪＦＡが『50年史』を公式国際試合の戦績中心につくれなかった事情はすでに述べた。それから二一年が経って、一九九六（平成八）年に定価一万円の『日本サッカー協会75年史』（ベースボール・マガジン社）が出はしたものの、観客視点による『日本サッカー史』を持つことは能《あた》わなかった。そんな前世紀中に解決しておくべき知的怠慢を背景に、二〇〇三（平成一五）年に出たのが、後藤健生《たけお》による『日本サッカー史　日本代表の85年』（双葉社）なのだった。

二〇〇七（平成一九）年の改訂版は資料編との二分冊で刊行され、前半三分の一近くを費やす六四年東京五輪までのエポックの数々がとりわけ貴重に感じられた。著者の後藤自身が〈要するに、この本は僕が読みたかった本なのである〉（同書あとがき）と記した通りで、半ば業を煮やしての執筆と言えた。

闇を照らすかのような大仕事を裏で支えたのは、同い年の業界友人だった編集者・真井新《まないしん》だった。外国車を愛した湘南のジェントルマン真井は、一九九八（平成一〇）年春に季刊「サッカー批評」（双葉社）を創刊する。「サッカー批評」は真井の没後、「フットボール批評」（カンゼン）とに分裂し、出版不況の中で今もそれら二誌が通ウケのするサッカージャーナリズムの中心的役割を果たしている。

「妙な所にがんができちゃってね」と真井が電話をかけてきたのは、二〇〇九（平成二一）年夏に亡くなる二年前のこと。「相模工大附属高校にいた奥寺（康彦）さんには神奈川県大会で強烈なミドルシュートを食らいました」と当の本人に語ったインタビュー冒頭の光景が、昨日のことのように思い出される。

後藤健生はその真井らの編集で『日本サッカー史』を書き終えるが、彼の場合はギネスブック申請をすべき観戦回数の更新こそがライフワークというふうにも見える。二〇一八（平成三〇）年春時点ですでに六〇〇〇試合観戦に達しているからだ。長く第一線にいる音楽評論家のライブを見た回数と符合するところが面白い。

その『日本サッカー史』をあたると、一九一七（大正六）年五月の第三回極東選手権（東京・芝浦埋め立て地野球場）で日本代表チームがデビューしている。連続大敗（中華民国〇-五、フィリピン二-一五）による、実に幸先の良くないスタートで、大日本蹴球協會設立の四年前のことだった。一九三〇（昭和五）年にはジュール・リメ杯世界選手権（ワールドカップ）が始まり、協會は設立から七年後の一九二九（昭和四）年にＦＩＦＡ加盟を果たした。

大正期の最初の国際試合から一九年、協會設立からは一五年目の一九三六（昭和一一）年八月にサッカー界は最初のピークを迎える。初のオリンピック出場で、スウェーデンを相手に三-二（前半〇-二）の逆転勝利をおさめたからである。しかしこれだけしかない栄光が必要以上に永く語られることになる。

後藤もまた『日本サッカー史』で永すぎた空白を次のように嘆く。

もし、ベルリン・オリンピックに参加して貴重な経験を積んだ若い選手たちが、1938年のフランス・ワールドカップに参加し、そして集中強化を経て（開催を返上した1940年の夏季）東京オリンピックに出場することができていれば、日本代表の強化は大幅に進み、その後の日本サッカーの歴史は現実の歴史とはまったく異なったものになっていたはずだ。

（『日本サッカー史』より）

虫明亜呂無が書き遺した二度の「戦後」

予備考察を締めくくるこの第三節では、一九三八（昭和一三）年ベルリン五輪から六四（昭和三九）年東京五輪までのファン心理二六年分を一挙に蘇らせる長文エッセイを紹介しておきたい。虫《むし》明《あけ》亜《あ》呂《ろ》無《む》による「芝生の上のレモン」（珊瑚書房『スポーツへの誘惑』所載、一九六五年）がそれにあたる。

虫明はスポーツを題材にした作品で知られ、短編小説集『シャガールの馬』によって七九年下半期の直木賞候補にも挙がった作家である。大患にたおれるまではサッカー専門誌「イレブン」（日本スポーツ出版社）の寄稿家でもあった。

「芝生の上のレモン」は、サッカーくじで世界最高額三億三〇〇〇万円を当てた英国人男性についての新聞記事を読んだことから始まる。著者は似たような始まりの映画『コレクター』を連想し、次いで少年時代に目撃した冬の東大グラウンドの練習風景へとワープする。GK《ゴールキーパー》佐野、FW《フオワード》加茂兄弟をはじめとするベルリン五輪で活躍する〈オール・ジャパン〉の選手たちがゴールへの寄せを繰り返し、いつしか場面は避暑で訪れた一九三〇年代前半とおぼしき千葉の御宿《おんじゅく》海岸へと移る。

東京・本郷生まれの「私」＝虫明は転地療養中の初老紳士と「姪」に海辺の別荘で出会う。初老の紳士は世界のビッグゲームを見てまわったという。

虫明を「生まれながらのアウトサイダー」「現実拒否のうたの美しさ」と評したのは仲人を引き受けてもらったこともある作家・小林信彦だが、御意の通りにござりますとしか言いようがない。サッカー・ファンで虫明があり続けるためには、苦い現実を拒否して、自分にしかうたえないうたをうたい続けるしかなかったからだ。

少し長くなるが、以下に作家・虫明亜呂無が回想する戦前戦後の日本サッカーの実相と、その断層から滴《したた》り落ちる負の情念をとどめておきたい。

その夜、ラジオのオリンピック放送がニュースで伝えた。簡潔なものであった。

「日本のサッカーは先に強豪スウェーデンを破り期待されましたが、第二回戦イタリアと対戦、8－0と善戦むなしく敗れました」

雑音の多い鉱石ラジオが善戦むなしくという箇所だけを強調したように聞こえた。日本のサッカーがまけたのはどうでもよい。私が毎日見にかよったサッカーが敗れたことが私もまたなにかに敗れたと宣告されたようであった。私自身の敗北、そんなパセティックな感情にうたれて、私はスイッチを切った。誰も私を知らない。誰も日本サッカー・チームの敗北に一顧を与えない。

私は東京に帰り、平凡な中学生にもどった。

（中略）

戦争が終わると、色々な国の色々なスポーツ・チームが日本を訪れるようになった。むろん、サッカーもやってきた、どれも、これも日本チームを木ッ端みじんに粉砕しつくして去っていった。善戦むなし、と、はじめて書いた新聞も、やがては、完膚なきまでに叩きのめされる、と書くようになった。基礎から根本的に叩きなおさねば、という談話がかならず記事の最後に申しわけのように書き添えられていた。

（中略）

小麦色の横顔が清潔であった。ゆたかな髪を簡単に後に結び、籐椅子の傍らに坐した彼女の横向きの姿だけは、今でも、鮮やかに、私の脳裏によみがえってくる。

あの人たちは、あれから、どうなったのだろうか。

「世界のサッカーを見なさい」という言葉がもう一度よみがえってくる。

そして二十八年。

（戦争をはさんで）よく生きていたと思う。恥だけをかさねて、恥だけが生きるようすがとなって、私は生きていた。なにひとつとして取柄のない少年が、ただ、わずかに、空想のサッカーをくりかえし、くりかえし生きてきた。私は謙虚に、それだけを、あの人たちに語れるような気がする。

（「芝生の上のレモン」より）

クラマーの見た天皇杯決勝の現実

一九六四（昭和三九）年東京五輪までの日本代表C認定マッチを、後藤の『日本サッカー史』で振り返ると、一九五一（昭和二六）年二月の対全関西戦（大阪球場）から八六戦し、二八勝一一引き分け四七敗という戦績が残っている。西ドイツアマチュア代表、ユーゴスラビア、チェコスロバキアなどの旧共産圏五輪代表とのB認定マッチでは、一〇戦し一勝七敗二引き分けの惨状である。

Aマッチの四五戦は、一九五一（昭和二六）年三月のアジア競技大会（ニューデリー）でのイラン戦（〇-〇）に始まり、一四勝二三敗八引き分けで、ここでもまた負け越しが常態化している。欧州勢との対戦はわずかに国立競技場でのユーゴスラビア戦（〇-一）一試合のみで、南米勢とは一度も対戦できなかった。

戦前戦後を支えた川本泰三《たいぞう》（早大‐大阪サッカークラブ）のような伝説的シュート名人がいなかったわけではない。時間も運賃もかかる船やプロペラ機での海外遠征の実行自体が障壁なのだった。功労者にどこか殉教者然とした雰囲気があるのは、大衆の圧倒的支持を得てきた野球文化との比較においては当然のことといえる。時代感情との不仲がその佇まいに陰翳《いんえい》をつけていた。

二つの世界大戦による二つの「戦後」を生きてきた日本のサッカーがいかに苦難に満ちていたかが『50年史』の巻頭言からうかがえる。刊行当時の協会会長・野津《のづ》謙《ゆずる》のこの大総括ほど的確なものはない。

日本のサッカーは、1936（昭和11）年にベルリン・オリンピックで優勝候補のスウェーデンを破って勇名を馳せたが、大局的に見ればアジアにおいて最下位の部類に属し、協会は「デルトマケ協会」と陰口をたたかれていた。1958（昭和33）年、東京における第3回アジア大会に敗れてからマレーとの交流が行なわれ、1964（昭和39）年の東京オリンピックに備えるために西ドイツからクラマー・コーチを招聘し、我が国のサッカーの新しい展開が始まった。

（『日本サッカーのあゆみ』より）

＊

時は移り、「日本サッカーリーグ（ＪＳＬ）発足50年記念パーティ」が東京・品川プリンスホテルで開かれていた二〇一五（平成二七）年六月九日のことである。火曜の午後一時開宴、会費五〇〇〇円の設定に、仕切りの大変さがしのばれた。社会の第一線から身を引いている年金暮らしのＯＢもいれば現役もいる。あるいはまた、その波打ち際で半引退状態のＪＳＬ・ＯＢもいるからだ。この「最初で最後のＪＳＬ同窓会」に出席の返事を出したＯＢ（少数のＯＧ関係者含む）は、同伴者を除くと五百数十名。「League」の意に「団結」や「仲間」があるのを思い出させる配慮の行き届いたパーティは盛会に終わった。

このＪＳＬの生みの親で、東京オリンピック当時はまだ三九歳だったのが「日本サッカーの父」デットマール・クラマーだった。担当医の忠告に従い参加を泣く泣く見送った九〇歳のドイツ人の心情が、司会の金子勝彦アナウンサーによって明かされた。息を引き取ったのはそれから三カ月後のことだった。

クラマーの寄せたその日のメッセージは、源流のありかを諭すように教える老賢人ならではのものだった。発端となった場所は、一九六一年五月四日から七日にかけての藤枝東高校である。集結した一六チームが四日連続で決勝までたたかったことの驚きが、リーグ形式の必要性を説くきっかけになったという。高校生たちの静岡県予選ではない。第四一回天皇杯日本選手権の話なのである。

代表歴のある選手を揃えた古河電工と中央大学による決勝戦に出てきた選手は、包帯をした者だらけ。三‐二で古河の連覇に終わった決勝戦以外は雨、泥濘《でいねい》、デコボコにたたられた。当時は大学生や大学ＯＢの全盛期から、実業団がサッカー界を担う新時代への移行期でもあった。ＪＳＬのスタートは、藤枝東高校での天皇杯から四年が経つ東京五輪翌年のことだった。

敢えて冷徹な見方をすれば、ことサッカーに関しても幕末から明治にかけての御雇い外国人の歴史を繰り返していたことになる。蒙古斑の命名者でもある、医師のエルヴィン・フォン・ベルツ（一八四九‐一九一三）に、フォッサマグナ（中央地溝帯）やナウマンゾウに名を残す地質学者のハインリッヒ・エドムント・ナウマン（一八五四‐一九二七）、……そしてデットマール・クラマー（一九二五‐二〇一五）。

「永過ぎた空白」が、国際舞台への再登場を分不相応の望みである「非望」に変えてしまっていた。

第二章

銅メダルからの凋落

一九六〇 - 一九七〇年代前半

第四節　第一次サッカー・ブームへ

東京五輪のジャイアント・キリング

「競技場行ったって、よりによってサッカーじゃな」

「しょうがねえだろう、それしかチケットとれなかったんだから」

「なっかなか点入んねえし、何が面白いんだ、あんなの。アレ、流行《はや》んねえだろうな」

「そうだな（笑）」


人気映画『ALWAYS 三丁目の夕日'64』（山崎 貴《やまざきたかし》監督、二〇一二年）でのやりとりである。映画の舞台は昭和三九年一〇月の東京。オリンピック当時のサラリーマン同士という設定である。たぶん二人はヒラ社員か係長。ぼやきはしても、大会期間中ならではの高揚感を漂わせている。当時を再現するやりとりに、「巧いな、このシーン……」とつぶやくよりも先に吹き出してしまった。じっさい、日本のサッカーはヘディングを見て笑い出す観客がいたというほどの未開発領域なのだった。東京五輪の小学生向けパンフレットには「選手の迷惑になるので静かに観戦しましょう」という添え書きすらあった。

冷淡な反応は長寿テレビアニメの『サザエさん』でも起きた。「原作の時代を考えると、サッカーが登場するのは不自然」――と批判せずにはいられぬ人がいるのだ。「サッカーは（長谷川町子さんの）原作にも登場したことがある」とアニメのセリフを担当したベテラン脚本家の反論で収まりはしたが……。

一四カ国で行なわれたその一九六四年東京五輪・サッカー種目で、平均年齢二三・七歳の若き「全日本」は一勝二敗の戦績ながらもベスト8入りを果たす。しかし八強入りの裏には、同じD組に入っていたイタリアがアマチュア資格規定違反を指摘され辞退したことも大きい。北朝鮮選手団の総引き揚げもあって計六試合がキャンセルとなり、日本の一次リーグでの対戦相手はアルゼンチンとガーナだけになった。なんとか一勝を挙げ、開催国のメンツだけは立てたい。あわよくばそれをサッカー人口拡大のための起爆剤に、というほどの目標設定だったという。そんな中、勝者敗者が涙を流す大番狂わせが初戦で起きた。中一日で二戦目のハンディを背負うアルゼンチン相手とはいえ、三-二（前半〇-一）の逆転勝利の持つ意味は大きかった。

快挙と言えるものは一九三六（昭和一一）年八月四日火曜、ヒットラー政権下でのベルリン五輪、対スウェーデン戦（三‐二〈前半〇‐二〉）以来の二八年ぶり。五〇〇〇人の集まるヘルタ・プラッツ・スタジアムでは興奮してスタンドに飛び降りたドイツ人観客が終了後、選手団を幾重にも囲んで日本コールを続けたという伝説が残っている。

度を超した過去賛美は老人病の一種でもある。東京五輪では対アルゼンチン戦の逆転劇のあと、「これでもう一九三六年のベルリンの話は終わりだ」と言い捨てる中心選手がいたという。「ベルリン（の奇跡）組」による叱咤激励も、二八年後の代表チームにとっては有り難迷惑な考古学になり下がっていた。

翌一九六五年六月には、初代総務主事の西村章一（古河電工）らを中心に古河電工、三菱重工、日立本社、八幡製鉄、東洋工業関係者の四年越しの思いが実り、第一回ＪＳＬ（日本サッカーリーグ）が開幕する。高度経済成長による交通網の発達も、地域単位ではない全国規模のリーグ開幕を促す一助となった。それまでの一八枚パネル式に替わる三二枚パネル式黒五角（辺）形／白六角（辺）形（ブラック・ペンタゴナル／ホワイト・ヘクサゴナル）ボールの第一回リーグ後期からの公式採用も功を奏し、杉山（隆一）・釜本（邦茂）両ＦＷ中心のサッカー・ブームへと結びつく。そして一九六八年一〇月二四日木曜には、代表チームがメキシコシテイ五輪で銅メダルを獲得する。

石原慎太郎が描いたサッカー

エポックメーキングな出来事だけをたどれば、黎明期らしい華やかさで一杯である。だがそこにたどり着くまでの、一般大衆の無理解・無関心は徹底していた。当然それは文化・芸術にも否応《いやおう》なく姿を現す。

先にも述べたように、昭和モダニズムをリードした雑誌「新青年」は一九五〇（昭和二五）年の休刊までに、早慶戦中心の六大学野球と大学ラグビーを熱心にとり上げた。にもかかわらずサッカーに関しては驚くほど冷淡なのである。同世代の一パーセント以下の「学歴貴族」だった戦前男子大学生のモダン趣味を象徴する雑誌は、何と言ってもその「新青年」だった。同誌に見られる「する」スポーツの主流は、スキー、テニス、それに今では少し意外に感じられるダンスホール通いだった。サッカー劣勢の背景には「足蹴《あしげ》にする」、転じて他者へのぞんざいな振る舞いの意となる下半身劣位イデオロギーが伏在した。

そんな馬鹿な、と思われる人には杉山隆一の著作にある逸話を紹介したい。杉山はアルゼンチン戦での活躍から読売ジャイアンツの長嶋、王の年俸を数倍上回る「二〇万ドル（七二

○○万円）の黄金の足」が謳い文句となった往年の名ウイングである。

袖師《そでし》中学（現・静岡市立清水袖師中学）一年生の時、兄貴のような感じがするので慕っていた担任の先生がサッカー部長だったので、入学時（引用者注・一九五四年）にはいったバスケットボール部から転部した私がそのむねを報告すると、おやじは開口一番「なんだ、そのサッカーってのは」といったものだ。そして私が「手を使わずに足でボールを蹴るスポーツだ」と教えた時の、いきなりおやじが私を怒鳴りつけた言い草がふるっている。「なにいッ、手を使わんだと。せっかく五体満足に生んでやったというのに、おまえっていう奴は！」

（『男は勝負　ゼロからの出発《スタート》』、杉山隆一、講談社、一九八三年）

器用な手先は能力相応に遇され、不器用で地べたに近い不潔な足先は一段低い扱いを余儀なくされた。下半身劣位イデオロギーは、一九六六年〜六七年に総体（インターハイ）、国体、選手権の三冠を達成する藤枝東高校のような、県中部にサッカーどころを持つ静岡県内の町々にまで浸透していたようだ。

市民的自由を得た戦後社会からは、固定観念を逆手にとるへそ曲がりタイプが出てくる。

石原慎太郎が、大学サッカー部員の突然死をモチーフにした短編小説『冷たい顔』を発表したのは「文學界」一九五五年九月号。同誌での大出世作『太陽の季節』の掲載二カ月後にあたる。石原は、翌一九五六年五月に古川卓巳《ふるかわたくみ》監督によって映画化された同名タイトル『太陽の季節』（日活）に大学サッカー部員の役でカメオ出演している。〈健康な無恥と無倫理の季節〉を生きるニュータイプの戦後派青年がサッカーを取り扱うのは、ごく自然な成り行きだったのかもしれない。とくにお勧めはしないが、二三歳当時の石原がサッカーパンツの尻を泥で汚したまま大学の校舎に入って行くシーンをDVDで確認することができる。

寺山修司と「足時代」

しかし書物とサッカーとの相互浸透という点では、寺山修司《てらやましゅうじ》の評論集『書を捨てよ、町へ出よう』（装丁・本文レイアウト・イラスト横尾忠則、芳賀書店、一九六七年）のほうがより鮮烈だった。

〈また、野球の悪口から始めよう〉で始まる冒頭の「足時代の英雄たち」で、寺山は同書の八ページ分を費やして「野球＝ホームドラマ説」をぶち上げる。ホームベースは狭苦しい私たちだけの家庭。そこに帰って来るだけの小市民的ゲームの一体どこが良いのだという意表をつく論断である。

『書を捨てよ、町へ出よう』の執筆時期は、アルゼンチン五輪代表を下すアップセットのあった一九六四（昭和三九）年東京五輪の二年後と思われる。六六年六月の対スターリング・アルビオン（スコットランド一部）戦を皮切りに、六七年のソ連五輪代表、ミドルセックス・ワンダラーズ（英国四連盟アマ選抜）、そしてブラジル代表キャップ数一一一の名DF《ディフェンダー》（SB《サイドバック》）ジャウマ・サントスを擁するサンパウロ州ビッグ4のパルメイラス（ブラジル）が相次いで来日した時期と重なる。

となれば、『ALWAYS 三丁目の夕日'64』のサラリーマン・コンビも、わずか一〜二年のあいだに考えを変えた可能性がある。時あたかもビートルズ来日の直後。学生運動やベトナム反戦運動に顕著な若者たちの叛乱が高揚して行く時期である。音楽で言えば、フォークソングやエレキギター主体のグループサウンズ、さらにはジャズ喫茶が熱狂的に迎えられて行く頃で、日本は近代から現代への転換点にあった。

次掲する「足時代の英雄」で書かれた寺山流ブーム解説ほど的確なものはない。

「どうして、こんなに突然にサッカーのブームがやってきたのか」

と首をかしげる人たちもいる。

「オリンピックの落とし子だ」というのが一般の意見である。

「オリンピックの時、他のゲームはすべて満員だったのに、サッカーだけは申込者が少なくて数万枚の切符があまっていた。そこでバラまいたわけですよ。で、何でもいいからオリンピックの感激だけを味わいたい、というズブの素人ばかりが集まってきたのだが、観ているととても面白いんだね。だから、それ以後ファンが激増したって話ですよ」というわけだ。


ブームには下地が必要である。突然変異とは違う。寺山は更にこう続ける。

「足時代」は、現代人が忘れた冒険と叙事詩を荒々しいスポーツのサッカーに求める。「手は作るが、足は作らない」べつのことばでいえば、手は、生産的だが、足は消費的である。そして足は手よりはるかにに享楽的なイメージをもっている――。


短い引用にとどめたが、そこから先はもう「野球国ニッポン」への見事な決別宣言なのである。しかし寺山の足は競馬場に向かうばかり。その後の情熱をなぜ礼賛したはずのサッカーに注がなかったのか――。その思いは、没後三十数年が経つ今もくすぶる。とはいえ、マイナー競技からの脱却に成功できても、「足時代の英雄」がサラリーマン（企業アマチュア）でしかない二重性はいかんともしがたい現実なのだった。

比較的最近の拙著『夢想するサッカー狂の書斎』（カンゼン、二〇一三年）で私はこう述べた。「サッカー・冬の時代」の八三年に寺山が四七歳の若さで病没した事情を汲むこともなく。

闇と光でできたスポーツを敗者側から見る寺山の栄光はいつも傷だらけ。勝者には何もやるなの不良じみた感情的認識にファンは蠱惑《こわく》された。

寺山は60年代の半ばから何度も海を渡っていた。その越境性こそがまさにサッカー的であったのだが、白けゆく70年代以降の時代感情に新たな幻想敵を見いだせなかったようだ。じつのところスポーツは寺山世界ではなく寺山サイドでしかない。もっと言えば、彼にとってのサッカーはその2篇の長い〝まえがき〟から一歩も出て行くことがなかった。寺山修司は売文にもならないサッカーから逃げたのだ。あの三十一文字――、「蹴球に加はらざりし少年に見らるる車輪の下の野の花」（「煮ゆるジャム」）だけを残して……。

雑誌とテレビが「窓」だった

情報の常時更新は、スポーツならではの営みでありまた大きな魅力でもある。翌朝の小さな新聞記事と、協会機関誌「サッカー」（旧『蹴球』現『JFA news』・一九三一年創刊）だけでは物足りない読者への供給が始まった。日本サッカーリーグの創設後、次のような定期刊行物が創刊されていく。

- 「FOOTBALL」（不定期刊、日本サッカー狂会会報、一九六五年一一月創刊、非売品）
- 「サッカー新聞」（週刊、日本サッカー新聞社発行、一九六六年四月創刊、短命のうちに終了）
- 「サッカーマガジン」（一九六六年三月創刊の『スポーツマガジン サッカー特集』を経て月刊化、ベースボール・マガジン社発行、一九六六年六月創刊）
- 「サッカーグラフ」（月刊、サッカーグラフ社発行、一九六七年二月創刊、短命のうちに終了）
- 「サッカーロータリー」（月刊、タチバナ書房発行、一九六九年六月創刊、通巻一五で終了）
- 「イレブン」（月刊、日本スポーツ出版発行、一九七一年五月創刊、後述）

放送界もＮＨＫを中心にＪＳＬの中継を開始する。一九六八（昭和四三）年四月一三日土曜には東京12チャンネル（現テレビ東京）で海外情報番組「三菱ダイヤモンドサッカー」が、まず「イギリスプロサッカー」としてオンエアされた。世界のサッカーに触れられるこの唯一の「窓」は、英国放送協会（ＢＢＣ）の老舗サッカー番組「マッチ・オブ・ザ・デイ」（通称MotD）の翻訳版だった。

実況・金子勝彦（当時三三歳）、解説・岡野俊一郎（同三六歳）の名コンビによるオン・エアは毎週土曜の午後三時から四時。初回はトッテナム・ホットスパー対マンチェスター・ユナイテッド戦が放映された。サッカー・ブームに沸く同年一〇月編成以降は、日曜夜一〇時から一一時にかけての放送時間枠を基本とした。画質に難のあるキネコ複写（ビデオ映像のフィルム変換）で、「前半」「後半」「延長戦」いずれかの、今日ではあり得ぬ「分割オンエア」であっても、これしかない垂涎情報として希求されることに変わりはなかった。関西地方はサンテレビ（旧兵庫テレビ放送）による毎週月曜夜一〇時からの放映だった。

サッカー・ブームのピークはメキシコシティ五輪、アステカスタジアムでの三位決定の瞬間だろう。一九六八（昭和四三）年一〇月二四日木曜、夕刻五時を回った頃は日本時間の翌朝。メダルをかけた地元メキシコ五輪代表との三位決定戦は杉山、釜本ラインによるカウンター攻撃での二‐〇（前半二‐〇）。「メキシコ銅メダル組」の誕生である。

一九六八年メキシコシティ五輪は一試合で帰国した五六年メルボルン大会での〇‐二（対オーストラリア〈前半〇‐一〉）以来の海外での五輪本番。〇ナイジェリア、△ブラジル、△スペイン、〇フランス、●ハンガリー、〇メキシコ――と三勝二分け一敗でたどり着いたときは、もう天にも昇る心地がしたものだ。

伏線も敷かれていた。国立競技場で行なわれた前年一〇月七日土曜のメキシコ五輪予選、対韓国戦がファンの心を鷲掴みにしていた。全五試合中のベストゲームが、フィリピン（一五‐〇）、台湾（四‐〇）、レバノン（三‐一）に三連勝後の日韓戦だった。三戦全勝同士のその試合自体は三‐三（前半二‐〇）の引き分けだったが、雨中の夜間試合は荘厳な歴史劇と言ってもよいほどの五四〇〇秒（九〇分）だった。

語り草になったのが、タイムアップ寸前の赤いユニフォーム韓国代表、MF金基福《キムギボク》（のちKリーグ理事などを経て韓国実業団サッカー連盟副会長）の三〇メートルのシュートだ。もしネットを揺らしていれば、その二五年後に直面する「ドーハの悲劇」のような死の沈黙が包むだけ。クロスバーを叩いた瞬間の四万の悲鳴と絶叫の一人分を、中学生の私も発していた。サッカーにつきものの「一つのパフォーマンスの怖さ」とはまさにあの夜のこと。跳ね返りを拾われていれば、日本の銅メダルどころか五輪出場すらなかった。

　試合後、旧日本青年館のバーでMF八重樫茂生《やえがししげお》キャプテン（当時三四歳）がウイスキーグラスを傾ける姿が目撃されているが、辺りを払う雰囲気だったという。翌日、監督の長沼健（当時三七歳）は握りしめていたファンからの御守りの鈴を、シュート跡の残るクロスバーの下に埋めてきたという。信心深くもなかった長沼が「そこに神がおられた、そう信じています」とコメントするほどの激戦だった。

　代表チームは一〇月九日月曜の韓国対フィリピン戦（五‐〇〈前半二‐〇〉）の得失点差を知った上で、韓国より一日多い中二日のアドバンデージで最終戦をたたかうことになる。ゴール・ディファレンス（得失点差）やプロ・ボクシングの世界戦でしか知らなかったホーム開催の優位性を日本中に知らしめたのも、この予選ならではの成果だった。

　同月一〇日火曜夜の対南ベトナム戦で、日本は杉山の挙げたゴールを守り切って一‐〇（前半〇‐〇）で勝ち切る。同じ四勝一分けながらも、得失点差で韓国を「一〇」上回り、メキシコ行きの切符を手にする。引き分けでは韓国が予選突破という重苦しい状況での後半五分、中央に切り込んだ杉山のGKともつれながらのゴールに自分もまた快哉を叫んだ。試合後は日章旗を持って場内を一周する、白いユニフォーム姿の代表イレブンの姿が頼もしかった。杉山はレバノン戦前半のラフプレーで左肩を脱臼。麻酔を打ちながらの出場が痛々しかった。

日韓戦の死闘ばかりが語られてきたが、顎を骨折する選手（ＤＦ小城得達《おぎありたつ》）も出たこの南ベトナム戦もまた、韓国戦と等価ないしはそれ以上の価値があった。

凋落のはじまり

盛《ライズ》があれば衰《フォール》もある。興亡恒《つね》なしとはよくいったもので、手塩にかけて育てたメンバーの残る代表チームを一九六九（昭和四四）年七月に見たＦＩＦＡコーチ、デットマール・クラマーは暗然たる思いに沈む。迫力の欠如と、将来性を感じさせる若い大学生選手の不在に突破は困難と感じたという。同年一〇月に行なわれるワールドカップ・メキシコ大会アジア・オセアニア予選（ソウル）を間近に控えての、釜本のウィルス性肝炎による長期離脱の影響だけではなかった。六六年ワールドカップ・イングランド大会で西ドイツの準優勝に貢献したプロ・コーチにとって、銅メダルの瞬間がサッカー・ブームの頂点であってよいはずがなかった。ピークはこれから先に来させるものだった。

二回戦制によるソウル集中開催で、釜本を欠く日本代表はオーストラリア（一‐三）、韓国（二‐二）、オーストラリア（二‐一）、韓国（〇‐二）——と四戦しての未勝利敗退だった。初戦を落とすことの意味は今も昔も変わらない。

その七〇年メキシコW杯アジア・オセアニア予選をくぐり抜けたのは、アジア枠では初出場のイスラエルだった。イスラエルのメキシコでの戦績は、ウルグアイ（〇‐二）、スウェーデン（一‐一）、イタリア（〇‐〇）と二分け一敗でグループリーグ敗退だった。

日本代表のワールドカップ挑戦は三度目のことだった。一九五四年スイス大会、六二年チリ大会での対韓国戦二試合ずつにおいても日本は一分け三敗で未勝利。出場一六カ国による「ワールドカップ」なるものの価値を最高峰として知りながらも、銅メダルの余韻にひたる時間が長過ぎた。

オリンピック至上主義が一・五流でしかない準級大会の現実を隠すベールになっていた。社会主義国に特有なステートアマも参加しているのだからそれなりに一流——という黙契《もっけい》とともに、非望ならではの「ワールドカップ恐怖症」も潜在した。だが、一九六六年イングランド大会で八強入りし世界を驚かせた北朝鮮も、出場権を得るに際しては、前年一一月のアジア・オセアニア・アフリカ地区予選（中立地プノンペン）でオーストラリアに二勝しただけ。三つの大陸連盟への出場枠わずか「一」への抗議から、アフリカ勢一七カ国が予選をボイコットしていた。

若返りへの失敗をいよいよもって露呈させたのが、ミュンヘン五輪（一九七二年）予選だった。七一年九月二三日木曜、現在は故ザハ・ハディドの設計による東大門《トンデムン》デザインプラザ（DDP）になっている韓国ソウル運動場での対マレーシア戦で、岡野俊一郎監督率いる日本代表はまさかの〇‐三（前半〇‐〇）による大敗を喫する。波に乗るマレーシアは予選開催国の韓国にも勝利し五輪初出場を決める。日本は消化試合でしかない最終日の韓日戦も一‐二（前半〇‐〇）で失う。

「とにかくもう、後半開始一〇秒の失点の印象が悪過ぎた」とその後いったい何年ファン、関係者が嘆いたことか。キックオフ直後のロングキックが雨で荒れたピッチでイレギュラーし、GK横山謙三の頭上を越えたところを走り込んだマレーシアのFWアマド・バカルに押し込まれてしまったからだ。二〇年以上もの超長期にわたる凋落がその日始まった。

第五節　「紳士のスポーツ」による啓蒙と刷り込み

adidasという「舶来品」

私の中学入学は東京五輪翌年のことだった。その時代は「革靴」で通学するのは学習院のような一部の私立中学だけ。男子生徒の多くがキャンバス地のズック靴か、出たばかりのローカット・スニーカーを履いていた。入学祝いを兼ねて新調するものは万年筆と腕時計。そんな通過儀礼めいた買物があるのなら当然「革靴」もと思うのだが、級友たちのほとんどがノホホンとしていて誰も疑問に思わなかった。

授業中の退屈しのぎにしていたことはといえば、第二次大戦中の軍用ヘルメット、戦車、潜水艦、戦闘機などの絵をノートに描くこと。「ギャラント・メン」「コンバット」「頭上の敵機」などのアメリカ製テレビ映画シリーズの影響が大きかった。どうせ進駐（占領）されるのならイギリス軍のほうがサッカー好きにとっては幸せだった、と嘆く気にはさすがになれないが。

その種の線画が、一九六六（昭和四一）年のあるときからサッカーシューズや黒五角形白六角形ボールに変わる。燎原《りょうげん》の火のように広がる第一次サッカー・ブームの渦中で、私は左ウイング杉山隆一の入ったJSL三菱重工のファンになっていた。ノートや教科書の片隅に、襟の付いた紺に近い青のゲームシャツと、紺色の太い側線をあしらった白パンツ、それに青ストッキングをはいた自分を描き、「三本線」の「スパイク」で締めくくった。ビートルズがLP『4人はアイドル』をリリースした頃だから半世紀も昔、コットンジャージー時代のありふれた話である。

そこまで思い入れればサッカー部を創りたくなる。インサイドレフト（左MF）で公式戦デビューを果たした同年秋頃、目黒区大会「中学の部」では一つ勝っただけでベスト4。ボールは一回り小さい四号で、練習用には革紐で結ぶバルブ式の焦げ茶色のものがまだ一つ二つ混ざっていた。「東京サッカー友の会」の会員になり、天文マニアの通う渋谷東急文化会館五島プラネタリウム「星の会」に足を運ばなくなった。非力であってもよく飛ぶボレーキックのもたらす自己増幅感の虜《とりこ》になっていた。下半身にマーシャルの特注アンプが埋め込まれたようなものである。教室の窓ガラスを外から派手に粉砕して立ち尽くした日の記憶も、初ゴールの記憶と同等の鮮烈さを保っている。

本物の「三本線」を自由ヶ丘駅近くのスポーツ用品店で見つけたのは翌々年のことだったか。一九六六年ワールドカップ・イングランド大会のフルカラー記録映画『ゴール！』と、「サッカーマガジン」でブランド名を仕入れていたからに違いない。開催国の優勝（対西ドイツ四‐二／七月三〇日）は実に三一年ぶりのことといわれた。同じ年の春に米「ＴＩＭＥ」誌がロンドンを「スインギング・シティ」と定義し、世界の文化的震源地として認められる中での初優勝だった。ザ・フー、ウォーカーブラザーズ、ビートルズ、ローリング・ストーンズにモデルのツイッギーというふうに、六〇年代アイコンが続々と登場した時代だ。

割高感はたしかにある。しかしこれはすぐさま買うべきだ。母を拝み倒せばなんとかなる。そう考えた。問題はサイズである。スクリューインスタッドか固定式かの記憶は定かではないが、とにかくその一点だけが入荷していた。今より二〇センチも背が低い自分だったから足のサイズは当然小さい。しかしそれにしても小さかった。試しに履いてみるやいなや軽い落胆を覚えた。（いくらなんでも、こりゃ、きつい！）

思い悩んだ挙げ句、「あとでおカネ持ってきます。取っておいて下さい」といってしまったのは、次にいつ出合えるかが定かではない「舶来品」だったからである。ワールドカップ出場選手の四人に三人が adidas を履いていた時代である。

では、黒ダイヤのように輝く魔法のブーツのご利益はいかばかりだったのか。情けないことに、これがもう空前絶後の靴擦れとのたたかいに明け暮れるばかり。纏足《てんそく》効果も抜群で右も左も鬱血した。石鹸を塗れという古式ゆかしい助言も奏功せず、ついには靴のほうが靴擦れを起こす始末。謎の金属板が踵《かかと》の当たる部分から露出するまでに時間はかからなかった。

安田やミツナガ製がまだ全盛の頃である。ただ、憧れの「三本線」への嫉妬の視線を感じた記憶はない。試合前の足元視線ということでは、一九七四年のワールドカップ西ドイツ大会決勝、西ドイツ対オランダ戦〈二 - 一〈前半二 - 一〉〉で靴の穴からつま先をのぞかせている〝左利きの演出家〟MFヴィム・ファンハネヘムにベッケンバウアーが同情。オランダ代表の用具係に「替えはないのか」と尋ねた逸話が残っている。いにしえの欧州サッカー界は、大リーグ野球とは違い、決して裕福ではなかったのだ。

「覚醒の時代」とその背景

映画館のある東京南西部の郊外町には、都心部と少しだけ違う時間が流れていたようだ。野球は巨人か東映フライヤーズ。バレーボール全日本の銀&金メダリストをのちのミュンヘン、モントリオール五輪両大会で二人も出すことになる町に、新しくサッカーが加わった。

今では歴代通算九〇人を超える日本のボクシング世界王者だが、「メキシコ五輪銅」獲得のひと月前はまだ白井義男、ファイティング原田、海老原博幸、藤猛《ふじたけし》、沼田義明、小林弘の六人しかいなかった。フェザー級のWBA王座に挑戦した西城正三《さいじょうしょうぞう》（当時二一歳）がロスでラウル・ロハス（アメリカ）に一五回判定勝ちを収め、日本人初の海外での世界王者奪取となったのは一九六八年九月二七日金曜のこと。ハンサムな都会派青年・西城は「シンデレラ・ボーイ」の愛称を得た。メキシコ五輪銅メダルの栄光と西城正三の快挙は、セットで記憶されるべきなのだ。一九六〇年代後半は、勢いのある青年が荒野を目指して海外を旅する「覚醒の時代」だった。

adidasブランドによる物欲昂進のいっぽうで忘れられないのが、A先輩と愛煙家で中盤のBくんがすべての試合に白いズック靴で臨んだことだ。そうした不平等感が持てる者の負い目へとつながり、六〇年代末から七〇年にかけての高校学園闘（紛）争やベトナム反戦運動のマグマとなったことを否定できない。家では大正生まれの父親が戦争と私的な事情によるトラウマを抱え、父と息子との健全なコミュニケーションがまるで成り立たなかった。父権の不在と反・親《アンチペアレント》によるこの絶対的自由の時代に、サッカーは自立心を養う光源の一つだったが、身につけることの何もかもが物珍しく文化的安定性を欠いた。サッカー・ブームはまた冷戦下におけるアメリカン・カルチャー一辺倒からはみ出すための、もう一つの選択肢でもあった。野球以外は脆弱な日本の球技スポーツ文化を映し出す鏡面なのだった。

岡野俊一郎が先生だった

そんな「覚醒の時代」のとば口で、天皇杯最後の大学生による優勝（一九六七〈昭和四二〉年一月一五日）を目の当《ま》たりにした。駒沢陸上競技場の冬枯れ芝の淵で私はボールボーイを務め、釜本、森（孝慈《たかじ》）主将らの早稲田大学が松本育夫、小城得達らを擁する東洋工業（現マツダ）を延長三‐二で下す逆転劇を目撃した。

しかしより記憶に鮮明なのは、東京五輪終了後の夏芝のひどさのほうだ。国立競技場はまだ良いほうだった。ホッケー競技で使われた駒沢第一、第二球技場のスポーツターフはほんの一、二年で粗方ハゲ上がってしまった。最初の観戦が緑の絨毯状態での東京五輪グループリーグ、ハンガリー対モロッコ戦（六‐〇／国立競技場）だっただけにひどく落胆した。後述することになるアマ・スポーツ界の芝への鈍感さを、オピニオン誌「朝日ジャーナル」への寄稿で突くまでに、以後四半世紀もの歳月が流れることになる。

サイドキックを教えた目黒十一中の二級下の連中が、都大会のベスト4に入って驚いたのは早実高二年の頃だった。その二年後にもベスト4入りを果たし、準決勝で当たったのがキャプテン田嶋《たしま》幸三《こうぞう》（のちJFA会長）を擁する世田谷の用賀中だったという。しかし母校の強さは引き継がれることもなく、とうの昔に部自体が消滅している。サッカーならではのライズ&フォールの激しさは、いつの時代にあっても希望と当惑をもたらす。

東京都中体連サッカー専門部のサイトで選手権参加校数の推移を見ると、六六年から六七年にかけての伸び率がやはり凄まじい。たった一年で七二校から一挙に一五〇校に倍増している。参加校はその後も増え続けるが、倍以上の増え方をしたのはJSLの二年目からメキシコシティ五輪予選までのこの時期しかない。

一九六八年以降は年平均で二〇弱ずつ増え、七四年には三〇〇校に達している。参加校数の伸びが初めて止まるのは、七五年（三二七校）から七六年（三二七校）にかけてのことである。五輪至上主義の時代に高嶺の花と決めつけたきらいのある西ドイツW杯予選（七三年五月）はさておいても、ミュンヘン五輪予選（七一年九〜一〇月）とモントリオール五輪予選（七六年三〜四月）での連続敗退がやはり痛かった。増加率の停滞は飽和状態ともいえるが、ブームの終焉とリンクしている。

八ミリカメラはともかくとして、ふんだんに動画の残る時代ではなかった。めぼしい中学時代のカラー写真も、大雪の日の試合後に撮った震えながらの集合写真だけである。その写真を眺めるたびに私は野球との違いについて考えてしまう。「なぜ雨天中止がないのか問題」は、「手を使わずに頭（ヘディング）を使う問題」以上に説明を要することだった。

東京五輪期間中の「中共（中国）」による初の原爆実験（一〇・一六）の影響で、雨の日がとくに危ないと怯え半分はしゃぎ半分の頃があった。その一〇年ほど前には第五福竜丸事件が起き、米国の水爆実験による放射性下降物の俗称＝「死の灰」という言葉が生まれていた。集合的記憶が消えずにいたのだろう。「死の灰」が雨に混ざっていれば、濡れると頭がハゲてしまう！　大人たちの誰かが、不安げな小中学生に気の利いた説明をしてあげる必要があったのに、してもらえた記憶はない。

雨ニモマケズ試合をする根拠は、野球に比べてシンプル極まりなしと称えられた一七条から成る競技規則にあるようだった。「サッカーはサッカーの母国イングランドが生んだ紳士のスポーツ。それ故に雨が降ってもいったん決めた試合の約束は守らねばならない。槍が降っては困るが、雨であろうが雪であろうが中止はない」というご託宣である。たしかに「非紳士的行為（ungentlemanly conduct）」という文言が、《第一二条 反則と不正行為》の〈警告〉にまつわる条文にあった。

キング・ペレの時代にあっては、ブラジル人の彼が「紳士」と称えられた。「武士」ならまだしも、「淑女」同様今の若い人にはまことに分かりづらい、人間社会集団における理想像の一つが紳士なのである。当のジェントルマンの一人である某伯爵自身が、「自分のようにビジネスもやっている立場の人間が、同時にジェントルマンでありえるということはほとんど不可能です」と語っているのにもかかわらず。

一九六六年春に近所の書店で月刊「サッカーマガジン」を見つけたときの歓びも、初ゴールと同じくらい大きかった。明治大学から三菱重工に入社した背番号一一・杉山隆一の写真と記事が、毎号待ち遠しくて仕方がなかった。秋には生涯初のとてつもなく美しい五〇メートル級の超ロングシュートを国立競技場のナイター、三菱重工対八幡製鉄戦（一 - 〇）で目撃している。蹴ったMF継谷昌三《つぎたにしょうぞう》（関西学院大学出身／代表キャップ数一二）は七八年に三七歳で肝硬変により他界したという。ダイレクトではたくのが巧い好人物だったことを、私は代表監督時代の森孝慈《たかじ》や第一回JSL得点王の野村六彦《むつひこ》（日立）から知ることになる。

むさぼり読むとはあの頃のことをいうのだろう。町の小さな書店の棚には一九五六年初版の竹腰重丸《たけのこししげまる》著『サッカー』（旺文社スポーツ・シリーズ）が並んでいた。東京帝大の名FWで戦前戦後の日本代表監督を務めた竹腰は、明治生まれの蹴球協会理事長で国際試合の審判も務めた人物だった。

書店には村岡博人（後述）、岩谷《いわたに》俊夫（『サッカー教え方学び方』）、大谷四郎（『サッカーの魅力世界をとらえたスポーツ』）ら新聞記者に転じた元エリート選手によるビビッドな啓蒙普及系の著作も並ぶようになった。一九六七年には、アルパド・チャナディの『チャナディのサッカー・トレーニング編』が「サッカーマガジン」と同じベースボール・マガジン社から刊行された。専門誌も含めての一冊一冊が新興勢力ならではの目立ち方をしていた。

メキシコシティ五輪前後のこの興隆期には、代表監督だった長沼健とコーチを務めた岡野俊一郎の著作が毎年のように出版された。それら一連のサッカー入門書の中で「クラマーさん」という敬称を付けた固有名と、「基本の大切さ」という言葉を何度目にしたことか。クラマー仕込みの「センテンスは短めに、しゃべりはチャーミングに」を実践していたテレビ中継時の岡野俊一郎解説は、実況空間を粋で知的な「高座」に変えていた。

「紳士」を消した革命家マラドーナ

一九六六（昭和四一）年一〇月に刊行された、村岡博人（当時三五歳・共同通信）による新書サイズの本『これがサッカーだ』（至誠堂）も忘れられない。「空前のサッカー・ブームに戸惑う人たちと一緒に考え、論じたりする代りに書いた」というだけあり、中学生の私には歯ごたえのあり過ぎる本だった。村岡は最初のワールドカップ予選にして最初の日韓戦（一-五〈前半一-二〉、一九五四年三月七日）で代表GKを務めた人でもある。共同通信ではサッカー出身にしては珍しい政治部畑の記者として鳴らした。

『これがサッカーだ』の第5章「〝禁じられた遊び〟から世界のスポーツへ」の中に「紳士」にまつわる次のような箇所がある。


〝禁じられた遊び〟フットボールも、パブリック・スクールのなかで、〝解禁〟され、とくに集団的訓練の手段として重視されるようになり、さらに〝紳士のスポーツ〟として公認されるようになったのです。

（中略）

世界で最初にアマチュアとプロを区別したのは、イギリスのヘンレー・レガッタ委員会と一八六六年に創設されたアマチュア・アスレチック・クラブだといわれています。これらの団体の規則は、賃金をうるために肉体をつかって働く、機械工、郵便配達人などの労働者であったり、またかつてあったものはアマチュアでないと規定していました。

アマチュアでないということはジェントルマン（紳士）ではないというのと同じ意味で、そのようなものはスポーツをやる資格がないという考えだったのです。

（中略）

パブリック・スクールを出た、中産階級の紳士たちは、労働者階級といっしょにプレーすることを嫌い、アマチュアリズムを守ろうとしました。議論はふっとうしました。とくにラグビー・ユニオンのほうは、〝ジェントルマン〟たちの勢力が強く、排除された労働者の多いクラブは、「ノーザン・ユニオン」という別の組織を作りました。FA（注・The Football Association イングランドサッカー協会／１８６３年創立）の主流もパブリック・スクール出の中産階級が多く、いかなる形であっても金を払うことには反対しました。彼らは、フットボールはあくまでも余暇の楽しみであって、ゲームのためにゲームをするのが当然だと考えていたのです。

（『これがサッカーだ』より）

村岡によるこの章は、〈ともあれ、サッカーにおけるアマチュアリズムやプロフェッショナリズムの問題は、これからもいろいろな形で問題になっていくでしょう〉で終わっている。慧眼の士によるみずみずしい予見というほかない。

複雑な文脈をはらむこの紳士＝アマチュア問題については、前世紀末の自著『サッカー細見』（晶文社、一九九九年）でも触れている。命脈を保ってきた〈非紳士的行為〉は一九九七年七月一日から〈反スポーツ的行為〉に変わる。女子サッカー差別にもなりかねない死文化の時代を経て「紳士」は消え去った。しかし、普段着の文化＝無階級社会化も、行き過ぎれば無常識の闇に落ちる。名指しこそしなかったが、裸足にサンダル履きで成田空港を歩く当時の日本代表選手、はっきり言えば中田英寿への不快感が初出原稿のきっかけだった。四十路《よそじ》越えをした私は「サッカーマガジン」のコラム陣のハシクレとなっていた。

規範の実践をうながす啓蒙的な思考は、ドグマ（教条）として扱われ、過去のものになりつつある。個と共同性の関係における「紳士」はやはり破綻したのだと思う。しかし現実を直視した上での新たな価値や忠誠が見いだされたかといえば、そうでもない気がする。代替基準の〈反スポーツ的行為〉では軽過ぎてピンと来ないのだ。

何より不思議なのはパブリック・スクールの教育システム、生活、スポーツマンシップを格調高き美文で徹底紹介した池田潔《きよし》の随想『自由と規律　イギリスの学校生活』（岩波新書、一九四九年）がいまだに版を重ねていることだ。池田は慶應義塾大学の教壇に立つことになる人物だが、中学卒業前に渡英し、リース・スクールに三年、ケムブリッヂ《ママ》大学に五年、ドイツのハイデルベルグ大学で三年を送り、満州事変の直前に帰国した超の付く教育界エリート。比較的最近の増刷版の奥付を見ると、一九六三年に第二五刷改版発行、二〇一二年に第一〇三刷発行とあり、根強い人気にわが目を疑った。

明治期以来、鞭をも辞さぬジェントルマンシップを校風で強調してきた学校は、旧制の高校・中学に数多くある。古典ともいえる紳士修業の一冊についてはこれ以上触れるつもりもない。ただ、内外サッカー界に相次ぐ不祥事や混乱に、もはやサッカーが人間を道徳的に高めることはないのかと諦視する際にどうしても思い起こしてしまうのが、この古典的名著『自由と規律』なのである。しかし一つの中心を貫く英国流民主主義精神を刷り込まれたタイプは、減りこそすれ増えてはいない。ケジメなき非決定の時代に「紳士」教育の刷り込みを受けた（というよりは、厳格な規律に抗して自由の精神を育んだ）私のような世代は、ストレスを溜め込むばかりなのかもしれない。

第五章で詳述するが、幸か不幸か、私は「紳士」が下手人《げしゅにん》に消される瞬間を目撃している。一九八六年六月二二日日曜のメキシコW杯準々決勝アルゼンチン対イングランド戦、後半の出来事だった。巧妙なハンドボールによる〃神の手先制ゴール〃を決めたマラドーナは二一世紀になった今も「紳士」の国の仇敵であり、同時にまた「収奪された大地」における不世出の革命家である。にもかかわらず、ＭＦピーター・リードや同ジョン・バーンズらイングランド代表選手たちは、四分後に始まる二点目、五人ごぼう抜き後の左足シュートの見事さに対して驚嘆どころか惚れ惚れしてしまい、いまだに崇敬の念を抱いている。マラドーナとの直接対戦歴のある元日本代表キャプテン加藤久から聞いた感想ともよく似ており、フットボールの本質が仮借なき残酷さとともにあることを改めて強く思い知らされる。〝ピッチ上の詐欺師〟扱いでマラドーナを許していない出場選手は、ＤＦテリー・ブッチャーとＧＫのピーター・シルトンくらいのものらしい。

『赤き血のイレブン』永井良和の時代

競技の普及に寄与した第一次サッカー・ブームの遠因は、一九四九（昭和二四）年に始まる小・中学校教育におけるサッカーの必修化とされる。私の場合はそれのみならず東京五輪での初観戦と、この間のＪＳＬ、関東大学リーグ、国際試合と少なくない数の試合を観ることができた。メキシコ五輪予選前後は中学三年生で、床の間にはお軸の代わりに代表選手全員のサイン入り大会ポスターを貼っていた。新築間もない原宿・岸記念体育会館（日本体育協会本部ビル）の小体な一室にあったＪＦＡは、国際試合の前売り券を取り扱う場所でもあった。

いち選手としての能力を見切るのは高校の途中だった。ポスト・ゴールデンエイジ（ジュニアユース）という言葉もない中学年代からの環境に問題があったわけではない。選手をやめてプロのミュージシャンを目指し、レコード会社と契約を交わすところまではいったが、才能の限界だけはどうしようもない。旗を巻いてほぼ休学状態だった大学に戻り、マスコミュニケーション研究のゼミに属した。

サッカーブームは、ＯＮ（王貞治、長嶋茂雄）人気が凄まじいプロ野球読売ジャイアンツのＶ９時代（一九六五 - 一九七三年）と重なっている。高度経済成長が持続していた時代でもある。しかし何事にも終わりは来る。一九七三年一〇月の第四次中東戦争による原油価格の急上昇が第一次オイルショックをもたらし、就職戦線が恐慌をきたした。「青田買い」といわれていた大学生の超売り手市場が一変、「自宅待機」や「戦後最大の失業率」という見出しが紙面に躍った。そう考えると、サッカー・ブームは五四年一二月（第一次鳩山一郎内閣）から七三年一一月（第二次田中角栄内閣）まで続いた高度経済成長期後半のほとんどと重なることになる。たしかに好況が続かなければ衣料はもとより靴やボールの普及もなかったはずだ。

一九八〇年代初頭からの高橋陽一『キャプテン翼』による影響ほどではなかったが、ちばてつやの少年マンガ『ハリスの旋風《かぜ》』、『赤き血のイレブン』と続く一連の流れは居酒屋回想の定番である。一九六六年一一月には、布施明が叩きつけるように主題歌をうたう東宝青春学園シリーズ第二弾『これが青春だ』（日本テレビ系）がスタートしている。竜雷太《りゅうらいた》が教師役を演じたその人気テレビ映画では、演者の悲惨な足技よりも制作側のサッカーに対する不慣れが露呈していたように思う。実写はごまかしが利かない。マンガはその点で恵まれていた。

一九六五年に「週刊少年マガジン」（講談社）で連載が始まった『ハリスの旋風』では主人公・石田国松が折からのブームを意識したためか、野球、剣道、ボクシング部を経てサッカーに転じる。

「週刊少年キング」（少年画報社）で一九七〇年に始まった梶原一騎原作、園田光慶《みつよし》作『赤き血のイレブン』では更なる進化が見られた。主人公・玉井真吾のモデルが永井良和（浦和南高校出身）だった。七〇年春から七一年の春までは日本テレビ系でアニメ放映もされている。

私と同じ小六＝東京五輪世代の永井は、神奈川県の相模工大附属で活躍した一学年上の奥寺康彦とともに古河電工を支える快速フォワードとして名を馳せた。ＪＳＬ時代の「最多出場記録＝二七二」は（釜本邦茂と西野朗《あきら》が持つ八試合連続ゴールと同じように）顧みられも破られもしない不思議な大記録である。七〇年代の日本代表に欠かすことのできない鯔背《いなせ》なスター選手だった。

　あるとき、〝薄き毛のイレブン〟になった永井良和に「モデル問題」について尋ねたことがあった。謙虚な永井は「僕というよりは創部六年で高校三冠を取った市立浦和南高校自体がモデルでした」と語ってからこう続けた。三冠とは、夏のインターハイと旧国体、そして正月の高校選手権でのトリプル優勝を指す。

「高三から社会人一年目ということで忙しくて、実はあまり読んだり見たりしていないんです。南高は今はいい学校ですけど、もっと目立つワルがいたおかげで卒業できたようなものでね。古河（電工）入っても日本代表に入ってもおっかないワルがまたいっぱいいてねえ。昔はいわれると嫌だったけど、最近は『あの〝赤き血のイレブン〟の永井』ということで盛り上がるからかえってありがたいですよ」

　サッカー選手とワルにはたしかに親和性めいたものがあった。のちの中田英寿にもつながる殺伐とした凄味や不良性の身につけ方だったが、その緊張感がなければまともに勝負することができなかったとも言える。

　この第一次サッカー・ブームの末期は後世のスポーツ史家からも割愛されやすい「因果の性《エンガチョ》」のような扱いを受けがちだ。暴騰から暴落への急降下。若者たちの政治の季節もすっかり終息し、そよとも吹かぬ風の中で、悲願がメダルから五輪出場権の獲得へと下落して行く。

第二章——誰も日本リーグを覚えていない

一九七〇年代

第六節　神様、仏様、ペレ様

プライド高きラグビー関係者たち

低迷期のとば口とも知らずに、一九七三（昭和四八）年四月二六日の夜間試合に文字通りの光明を感じた。国立西が丘サッカー場の落成が嬉しかったからだ。日本代表対ミドルセックス・ワンダラーズ（英四連盟アマ選抜）戦（一‐一〈前半〇‐一〉）が行なわれた通称「西が丘」は、野球場仕様のベンチをメイン側とバック側両スタンド下に造ってしまいはしたものの、「専用球技場」のほうがむしろ特殊という勘違いを破壊する効果があった。東京都北区にある同サッカー場は、陸軍補給廠《しょう》の跡地に作られた。

西が丘以前では、都内ではないが東京五輪会場となる三ツ沢公園球技場（一九五五年完成）と埼玉県大宮公園サッカー場（六〇年四月完成／六三〜六四年拡張工事）、そしてその後の神戸市立中央球技場（七〇年完成／現・御崎《みさき》公園球技場）が「専用」として知られる程度だった。

もっとも、「三ツ沢」のケースは、第一〇回国民体育大会（神奈川国体）ラグビー会場としての建設。陸上四〇〇メートルトラックの枠内になんとか収まるサッカーのスペースとは違う。ラグビーには、ゴールラインからデッドボールラインまでの双方二二メートル以内の区域＝「インゴール」が不可欠だ。長辺一〇〇メートル、短辺七〇メートルの規定に「以内」が付いていても、タッチラインの外側には最低五メートル「以上」のスペースが求められる。しかも三ツ沢と大宮は神奈川と埼玉という立地の問題もあり、六四年東京五輪のサッカー会場となる予定はなかったのである。

頼りにされていたのは秩父宮ラグビー場だった。芝への踏圧負荷など屁の河童《かっぱ》。プロ野球のような連戦が可能と考えたフシがあるのがお粗末なところである。その上に更衣室とシャワー室の改修に関する考え方の違いが近親憎悪を生んでしまう。更衣室とシャワー室を二チーム分設けることは、ラグビーのノーサイド精神に反すると考えられていた。日本では今もって「試合終了」を「フルタイム」といわずに、敵味方なしの「ノーサイド」で代用している。アマチュアリズムの遵守とオリンピックにない競技であったことが、富裕学歴エリート揃いの協会上層部のプライドなのだった。敗戦直後、関東ラグビー協会関係者の熱意によって建造した自前の「宮殿」への冒瀆と受け取る者が出るのは当然のことだった。

五輪期間中、その秩父宮ラグビー場では、イラン対メキシコ（一‐一）、チェコスロバキア対アラブ連合（五‐二）、アラブ連合対韓国（二〇‐〇）、準々決勝ドイツ対ユーゴスラビア（一‐〇）、準決勝ハンガリー対アラブ連合（六‐〇）の計五試合が行なわれた。

旧ユーゴ選手団の一員には、のちに日本代表監督となる一九〇センチの長身フォワード、イヴィツァ・オシム、二三歳がいた（オシムは一九六八年のUEFA欧州選手権イタリア決勝大会にも出場。プレーメーカーを務めたが、再試合にまでもつれ込む決勝の二試合で左ウインガーのドラガン・ジャイッチの活躍も虚しく準優勝に終わる）。

結局、東京五輪では試合数や芝生の管理の都合上、三ツ沢では六試合、大宮でも五試合が行なわれた。日本の三試合を含む駒沢陸上競技場の七試合と国立競技場の三試合を足した、陸上兼用スタジアムでの試合数は「一〇」。専用球場での試合数「一六」をなんとか確保できたので、全二六試合中では兼用を六試合上回り、急場しのぎながらも本場風にはなった格好だ。もっとも、長居、西京極両競技場で行なわれた非公式敗者戦の「三」を足せば兼用スタジアム使用が「一三」に増えてしまうのだが。

超の付く余談になるが、一九六九年一月一〇日に東大生の抗議デモが秩父宮ラグビー場の中を走っている。東京五輪閉幕から四年二カ月。全学集会の会場が同ラグビー場なのだった。おかげで全共闘と対立する七学部の代表が、一〇項目の確認書を加藤一郎東大総長代行と取り交わした東大闘（紛）争における因縁の場所になってしまう。安田講堂攻防戦が始まるのは、その八日後のことだった。

メガ・スタジアムでも観戦環境は……

一九六〇年代半ばの日本サッカーリーグ（ＪＳＬ）では、県立広島国泰寺《こくたいじ》高校（旧制広島一中）グラウンドからのテレビ中継があった。下村幸男《さちお》監督の下、ＦＷ松本育夫、桑田隆幸、桑原楽之《やすゆき》、ＨＢ《ハーフバック》小城得達、石井義信（のち日本代表監督）、ＧＫ船本幸路《ふなもとこうじ》らを擁する黄金期（一九六五‐七〇年）の東洋工業蹴球部（のちマツダ）の試合会場に校内施設を使っていたと聞けば驚く人もいるだろう。高校のグラウンドにロープを張って、それでサッカー場⁉　と受像機の前で目を疑いながらも「共感」を覚えたのだから始原的である。無理もない、その一〇年ほど前の天皇杯決勝の会場が同じ広島国泰寺高校グラウンドなのだった。国泰寺高校は第四代ＪＦＡ会長、野津謙の旧制中学時代の母校でもあった。

広島の東洋工業には原爆投下で被爆した体験を持つ指導者、選手が少なからずいた。また、広島高等師範学校附属小・中・高→関学大→中大（編入）→古河電工と進んだ長沼健も、白血球過多に苦しむ被爆者手帳を持つ人だった。

劣悪な観戦環境はいっぽうで英国四協会（イングランド、スコットランド、ウェールズ、北アイルランド）の草創期を彷彿《ほうふつ》させる。境界を幅一二センチメートル以下の白線ではなくV字溝で区画していた時代は立ち見の時代である。相手陣内に味方が攻め込むたびに「より近く」の一心で人びとがタッチラインを越えたという。第一章に登場した写真家ピーター・ロビンソンの写真集『FOOTBALL days』のカバー写真（右）を見てもわかる通り、今も昔もイングランドの観客とタッチラインは指呼《しこ》の間《かん》。ピッチ近接を羨ましく感じるたび、私は競技規則第一条に残る「V字溝」を想起してしまう。そしてまさにそれこそが始原的共感の証なのである。

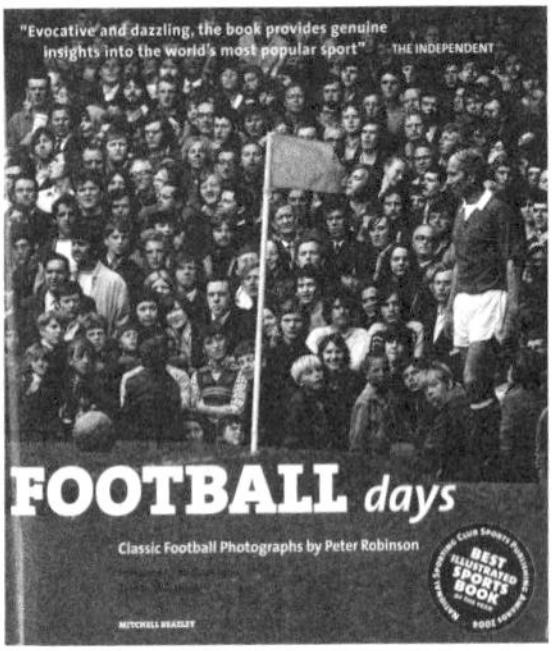

しかし映画となると俄然話が違ってくる。娯楽映画はマイナー性を嫌う。京南大学サッカー部主将にして全日本大学選抜メンバー田沼雄一（加山雄三）は、ボールテクニックこそ前傾気味で哀愁だが、身の程を知る収容能力一万人台の三ツ沢がエキストラ不足をカヴァーしている。私たちは加山雄三主演のDVD『レッツゴー！若大将』（一九六七年元日封切り／東宝／岩内克己《いわうちかつき》監督）で、東京五輪後の三ツ沢球技場と往時の香港政府大球場をたどることができ

る。二九歳の大学生役（！）加山には慶應義塾高校時代のサッカー遊び歴しかないが、カラーで見られる「専用球技場史」としても貴重な映画作品である。

〝冬の時代〟というクリシェ《決まり文句》で片づけられがちな日本リーグ（JSL）にも、公称で観客数三万を超えたときがあった。一九七五（昭和五〇）年一二月一四日日曜、二宮《にのみや》寛《ひろし》が三菱重工監督だった時代の三菱対ヤンマー戦（一‐四〈前半一‐三〉）である。その最終戦で釜本を擁するヤンマーは、二年連続三度目の優勝を決める。

ブームに沸く一九六八年と六九年シーズンにも同一カードで（水増しの数字ながらも）四万、三万五〇〇〇と観客を集めた試合があった。七〇年春の二試合でも、三菱は杉山人気で二万七〇〇〇～二万八〇〇〇人を集めた。舞台はすべて国立競技場である。これが一万五〇〇〇人収容の西が丘であれば満員札止め必至となるのだが、メガ・スタジアムの国立では半分の入りにしか見えない。

バレーボールの日本リーグ（一九六七年スタート）ではまったく逆のことが起きていた。コート中央後方に観客を集結させてテレビ映えを良くしたのである。テレビには額縁がある。収まりのよいバレーボール会場とは違って、真っ白なホリゾント幕さながらの空席を嫌というほど映し出してしまうのがサッカー中継の弱点なのだ。

試合会場の「不適正規模」が、観戦環境の不備をなお一層際立たせた。（校庭よりはましな陸上競技場でのサッカーを誰も疑問に思わぬ現実に、相撲場の砂かぶりに卓球台が置かれているようなもの——と毒づくこともないままに時が流れて行く。

一九七〇年代前半のＪＳＬは、杉山、森孝慈、ユーティリティプレーヤー落合弘《おちあいひろし》らの三菱重工と釜本、ネルソン吉村を軸にするヤンマー、更にはクラマー・コーチに全日本監督の座を追われた高橋英辰《ひでとき》監督（通称ロクさん）率いる日立製作所の三強時代に入り、Ｖ４達成の東洋工業は凋落する。

岡野、現場を去る

長く全日本の主将を務めた八重樫茂生をコーチにつけての岡野俊一郎体制だったが、限界を悟るかのようにして二年で現場を去っている。監督業の総括が、自伝『雲を抜けて、太陽へ！』（東京新聞、二〇〇九年）にある。

最大の原因は、私に長沼監督のような抱擁力がなかったことだ。思えば、彼が監督だったから、私は選手に厳しい要求ができたのだ。私は参謀の役が似合っているのだ。

そしてもう一つの原因は、若返りの決断が下せなかったことだ。クラマーは、「代表チームには、いつも開いている二つの扉がある。一つは入口でもう一つは出口だ」と言っていた。私は東京、メキシコでの成功にこだわり過ぎ、新しい展開ができなかった。

長の付く役は二度とやるまいと思った。（第5章「メキシコの歓喜」）

このあと岡野は無報酬のボランティア活動であったJFA、日本体協（いずれも理事）、JOCの総務主事、更には家業である和菓子店・岡埜榮泉《えいせん》の五代目社長をこなしていくことになる。解説、講演、サッカー専門誌への寄稿も続けながらのことだから大車輪の働きである。ブームの時期には女子中学生たちの研究発表にまで協力している。世話になった一人は、ほかでもない、私の妻である。

クラマーのドイツ語通訳でもあった岡野の青少年への影響力は絶大だった。辞任当時はまだ四一歳。思いのほか早い現場への見切りだった。

ミュンヘン五輪予選敗退後の目標は、本大会出場「一六」枠時代の一九七四年ワールドカップ西ドイツ大会である。アジア・オセアニア地区に与えられる出場国枠はわずかに「一」。

昨今とは違う、ぬるさ皆無の峻厳なハードルだった。

ペレ来日興行で神風吹く

岡野辞任後の第二次長沼体制は、四万人を集客した一九七一（昭和四七）年一月九日日曜午後二時キックオフ、対ハンブルガーSV戦（一-三〈前半〇-二〉、国立競技場）から始まった。ところが、翌々日火曜同時刻からの横浜・三ツ沢球技場での第二戦（二-二〈前半一-二〉）では、平日開催と悪天候が災いし、いきなり二〇分の一の二〇〇〇人にとどまってしまう。

長沼監督時代の国立西が丘サッカー場における国際試合は、七五年三月のスウェーデンB（一-四〈前半〇-二〉）と九月のアイルランド、シャムロック・ローバーズ（一-〇〈前半一-〇〉）とのわずか二試合だけ。大宮、三ツ沢などの専用球場では一万人超えを果たせなかった。憧れの代表選手との魂のやりとりができる近接の場であるにもかかわらず、マイナーな試合会場というイメージが定着し、観客数の乱高下がその先、より一層顕著になって行く。

選手のほとんどが社業とJSLをこなす全日本チームは忙しい。オーストラリアが勝ち抜いて初出場を決めた七三年五月のワールドカップ西ドイツ大会予選、七四年九月のイランでのアジア競技大会、七五年六月のアジアカップ予選（香港）への初参加。そして東京、ソウル、テルアビブでのモントリオール五輪予選が七六年三月から四月にかけて行なわれた。

夏の時期には、マレーシア協会が主催する「ムルデカ（＝マラヤ独立記念）トーナメント」があり、更には六二年以来不定期に行なわれてきた〈三国対抗〉のラストでもあった七四年大会をこなしてゆく。ほかにも東京ないしはソウルで年一度たたかう日韓定期戦があり、アウェー戦では双方が勝てないライバル国同士らしい結果を残した。

重要な二つの大会（五輪、W杯）で全日本の前に立ちはだかったのは、イスラエルと韓国だった。しかし惜敗感があったのは七四年ワールドカップ西ドイツ大会予選の準決勝、対イスラエル戦（延長〇－一）くらいのもの。ソウルのこの試合で釜本はひとりで一一本ものシュートを放った。

意外だったのは、杉山隆一が七三年に三二歳の若さで現役を引退してしまったことだ。代表に関しては、その二年前に七〇分しかフルに走れなくなったことを理由に引退していた。結果が出ない上に釜本、杉山を継ぐスターが育たないことで集客力不足が露呈し始めた。若手中心によるB代表の欧州遠征が不活発だったのは、強化費が足りなかったからである。

この国の七〇年代サッカー史を語る上で、二度のペレ来日興行が外されることはない。というよりも、そればかりが突出してしまうのだ。最初の熱狂は一九七二年五月二六日金曜の夜間試合、サントスFCの一員としての来日だった。第二次長沼監督時代に入ってからの三戦目でもあるこの興行で、全日本は一度のリードも奪えずに〇‐三（前半〇‐一）で敗れるが、注目されたのは、観衆五万三五一六人という歴代一位の入場者数である。五万人超えは六八年五月二九日水曜、同じ国立競技場でのアーセナル戦以来のことで、ペレの初来日はビートルズ初来日に比肩する出来事だった。

このペレに限らず、名門クラブやフォクツ、ネッツァー、エウゼビオ、ウーヴェ・ゼーラーらスター選手の来日次第で、プロ野球の巨人戦超えも可能なことが明らかになった。ただ来日チームの多くはオフシーズン中の観光気分。ホームでの引き分けや惜敗で僥倖《ぎょうこう》にめぐりあえた気分になれるのだからどうかしている。

「ダイヤモンドサッカー」を支えた企業メセナ

啓蒙という点では前章でも触れた「ダイヤモンドサッカー」（東京12チャンネル／現・テレビ東京）の果たした役割が大きい。七〇年五〜六月のメキシコW杯と、七四年六〜七月の西ドイツW杯を驚異的な根気でオンエアし続けたことも功績の一つだろう。

七〇年メキシコ大会に関しては、全三二試合中二七試合を一年がかりで録画放映している。

同年九月二八日オンエアの決勝、ブラジル対イタリア（四‐二）の前半（一‐一）から翌七一年九月二七日の決勝戦後半のアンコール放映までの長丁場だった。前半、後半、延長のいずれかだけで「それではまた来週」となってしまう異例の展開に仰天、ホテルの椅子からズリ落ちたイギリス人旅行者がいたというのも語り種《ぐさ》の一つだ。当時の放送時間は、月曜夜一〇時から一〇時四五分までだった。

七四年西ドイツ大会は七月七日日曜決勝、西ドイツ対オランダ戦（二‐一〈前半二‐一〉）を同局が初めて衛星生中継したことで知られる。しかし即時性無視の元祖キラーコンテンツ、「ダイヤモンドサッカー」は粘り強い。同年七月一四日オンエアの開幕試合ブラジル対ユーゴスラビア戦（〇‐〇）から翌七五年九月二四日オンエアの決勝後半の回までの、実に一年二カ月がかりのワールドカップ録画放映となった。直前展望の回と大会後のゴール特集二回分を足せば、二五日間全三二試合を一年三カ月もの歳月をかけてオンエアし続けたことになる。

実況の金子（勝彦）さんが、ドイツのチームの名前などを、正確なドイツ語で発音する（シャルケ・ヌル・フィアとか、エアスタ・エフ・ツェー・ケルンとか）のが、妙に格好良く感じ

られたものである。

訳者あとがきでこう記したのは『ベッケンバウアー自伝』（中央公論新社、二〇〇六年）の翻訳者、沼尻正之《ぬまじりまさゆき》（一九六五年生まれ）だった。スポーツ・アナウンスの砦を律儀に守り続ける職業人がいたことを伝える一文だ。

この「ダイヤモンドサッカー」も、七八年W杯アルゼンチン大会のときはさすがに七カ月ほどで録画放映を終えている。決勝のアルゼンチン対オランダ戦（三－一〈前半一－〇、後半〇－一、延長二－〇〉）以外の各試合を、四五分のダイジェスト番組として放映するようになったからである。

事程左様に海外サッカー情報は垂涎《すいぜん》の的だった。しかも日曜夕方六時から観ることのできる地域は限られていた。視聴率は「視力検査」と揶揄される一パーセント台で、推定三〇万～四〇万人。三菱グループが控え目に支援し続けた「ダイヤモンドサッカー」の場合は三パーセント超えでも番組スタッフのあいだで騒ぎになるほどだったという。支えていたのはメセナ（mécénat）とのちにいわれるようになる、企業市民的な文化・芸術支援の精神だった。

「♪ダーンタララッタッタッター」で始まるテーマソング『ドラム・マジョレット』を合図に襟

を正して観た七〇年代にあって、家庭用ビデオを持つ人はまだほんの一握り。感覚の変容をもたらす録画・再生の普及は八〇年代に入ってからのことだった。

ペレに助けられたＪＦＡの赤字体質

長沼健の代表監督歴は四五歳時点の一九七六（昭和五一）年四月で終わる。同年六月からは元全日本ＦＷ二宮寛が代表監督を引き継ぎ、「健さん」と慕われた親分肌の長沼はＪＦＡの「政治・経済」を受け持つようになる。少数学歴エリート世代の野津ＪＦＡ会長らとの、感覚次元でのギャップも当然のようにあったはずだ。一九世紀生まれの野津がドイツ第三帝国の衛生政策にシンパシーを抱いていたことは、語られることの少ない恥部である。がん撲滅と禁煙を最初に言い出したのも実はナチス国家だった。実態は違いながらも「東洋のナチス國家」を帝國日本は目指した。結核予防の先駆として名高い野津は、大政翼賛会と大日本産業報國會での役割からＧＨＱ公職追放令の対象者となり、数年のあいだ活動を妨げられる時期があった。事のついでに言えば、最近まで使われた協会旗＝八咫烏《やたがらす》の意匠は、八紘一宇《はっこういちう》の塔（宮崎市／現・平和の塔）や従軍記章の制作で知られた彫刻家・日名子《ひなご》実三によるものだった。

三一歳年下の長沼には、勃興するサッカー大衆を次世代の感覚で束ねる使命があった。事務局長・小野卓爾との長かった野津体制（一九五五‐七六年）を終わらせたことを「クーデター」と評されても、野津が不遇をかこったという話はあまり聞かれない。相も変わらずＪＦＡは貧していた。川崎市溝（ノ）口の開業医だった野津の個人的信用で借金をし、年度末の帳尻を合わせる事態にまで至っていた。海外遠征の運賃支払いを一年待ってもらうほどの財政難だったというからただごとではない。

二度目の〝ペレ来日公演〟ペレ・サヨナラ・ゲーム・イン・ジャパンは、二宮寛監督時代の一九七七年九月半ばのことだった。今度は北米サッカーリーグ＝ＭＳＬ（Major League Soccer）、ニューヨーク・コスモスの一員としてである。コスモスはワーナー・コミュニケーションズの一部門で、一四カ国からの寄せ集め「外国人部隊」。ＭＳＬではブンデスリーガのトップレベルのチームと唯一互角にたたかえるチームだった。

ブラジル人のペレには〝サッカー不毛の地〟とまで言われた合衆国での伝道師役が求められていた。七四年一〇月のオファー時には二年契約九〇〇万ドルの移籍金が準備されたという。しかしいくら王様級の国民的英雄であっても、（七七年三月にオファーを受けた）ベッケンバウアー同様、大金目当てという本国での誹《そし》りは免れ得れなかった。就職先の多い大都会で就労し、所得を持ち帰る欲深な労働貴族像がイメージされたのかもしれない。日本のサッカー専門誌でも、高値で国外移籍した選手を「出稼ぎ選手」と表記することがあった時代である。簡単に転職するような人間は渡り鳥で信用が置けない。そんな終身雇用幻想の根強い時代だった。

その二度目の対戦は、MSL制覇と日本からの帰国二週間後（一〇月一日）に迫るジャイアンツ・スタジアムでの引退試合（コスモス対サントスFC戦）との狭間に行なわれた。ペレの移籍から二年、コスモスは合流したベッケンバウアー、ブラジル人カルロス・アルベルトらの活躍もあり、ついにリーグ・タイトルを奪取する。興奮冷めやらぬタイミングを長沼専務理事率いるJFAは青山エンタープライズと電通の仲介によって射止めたことになる。その日は一三年もの長きにわたる釜本邦茂の代表引退試合も兼ねた。

一九七七年九月一四日水曜夜の東京・国立競技場には、六万一六九二人が集まった。〈日米親善サッカー・建国二〇〇年記念〉とも銘打つ試合は一-三（前半〇-二）。得点者はイタリア代表FWジョルジョ・キナーリャ、トビッチ、モライス。一矢を報いたのはヤンマーのDF今井敬三だった。ペレのおかげでJFAは七〇〇〇万円の赤字を一挙に解消し、窮地を脱した。

代表チームを率いた二宮は一九歳で全日本入りし、戦後最初のハットトリックをムルデカ大会、対シンガポール戦（五九年九月三日）で達成した元快速ウイング。三菱重工のプレーイングマネージャーと監督としての九シーズン（六七〜七五年）でリーグ、天皇杯優勝各二度ずつの結果を残していた。七三年の二度目の優勝時には、最後のシーズンとなる三二歳の杉山を途中出場のMFで起用するアイデアマンだった。準優勝の多い監督で、JSLで四度、天皇杯では六度も決勝で苦杯をなめた。小柄ながらもモダンな〝悲運の闘将〟。そんな都会的イメージを私も歓迎した。三九歳での全日本監督に誰も違和感を覚えぬほど当時のサッカー界は若々しかった。

戦績だけを見れば、幕開きの七六年五月下旬の対マンチェスター・シティ四連戦四連敗無得点から、一-三（前半〇-二）で敗退した七八年一二月中旬のアジア競技大会（タイ・バンコク）でのラストゲーム、対韓国戦という風に、まさに〝冬の時代〟そのもの。監督在任中の七七年六月一五日、ソウルでの日韓定期戦（一-二〈前半〇-二〉）は、釜本邦茂の国際Aマッチにおけるラストゲームでもあった。そこで一ゴールを挙げれば、代表Aマッチ出場数七六で七六得点という驚異的な生涯記録になったのだが、決めたのは金田喜稔《のぶとし》で釜本はアシスト役だった。

二宮寛は「敗軍の将」か？

二宮監督時代の最重要大会は、七七年の三月から四月にかけてたたかわれたアルゼンチン・ワールドカップ・アジア予選だった。その予選では警備上の問題から初戦と第二戦をイスラエルのテルアビブ、ラマトガン・スタジアムでたたかわねばならない事態が生じた。〇-二、〇-二で連敗を喫したあとの三戦目、ホーム韓国戦（国立）での〇-〇による引き分けで事実上の予選敗退。しかし実況中継のなかったテルアビブでの初戦は惜敗に近い内容だった。

当時の記録を見直すと、奥寺康彦の名前が、〈ペレ引退試合〉でもあった七七年九月一四日の対ニューヨーク・コスモス戦（前述）を最後に忽然と消えていることに気づく。前にも述べたように大観衆を集めたその試合は、釜本邦茂の代表引退試合を兼ねた。

不世出のストライカー釜本の代表引退は三三歳という年齢的なものもあり、致し方のないことだったが、二五歳で脂が乗る奥寺の西ドイツ1FCケルン入りは相当な痛手のはずだった。だが短期的視点にとらわれない者たちの多くは、日本人プロ第一号として奥寺を送り出すことに賛意を示した。それには忘れられがちな前段がある。

表層だけを見れば、二宮は「冬の時代」の敗軍の将かもしれない。しかし「本来なら協会主導でやるべき環境整備に二宮さんが、人一倍腐心していた」と当時の代表選手が何度口にしたことか。

切なくなるような話だが、代表チームより日本リーグ傘下の単独チームのほうが待遇が良かった時代である。二宮は六〇年代後半に、いち早く三菱重工サッカー部の環境整備を具体化させて行った。最初に選手と泊まった代表の渋谷界隈の宿舎からして、修学旅行生の泊まるような繁華街の小旅館。練習で腹を空かせた代表選手は「いただきます」と言った途端に近くの台湾料理屋に駆け込むしかなかった。にもかかわらず、待遇改善を求めての二宮の要望は甘やかしとして扱われてしまう。「だから勝てないんだ」と小姑根性丸出しで言う者の声も聞こえてくる。こんな島国根性の横行する中にいては先が見えない。落ちついたヨーロッパの環境の中で長期合宿を張るしかない、と二宮は決意する。

貧乏所帯だったJFAから出せるのは航空運賃ぐらいのもの。二宮の恩師ヘネス・バイスバイラー（当時1FCケルン監督）と彼の関係者のマッチメークのおかげで、二カ月にわたる伝説の「日本代表・欧州武者修行」が七七年の夏に実現する。左足の強シュートとスピードのあるプレーに特長的な奥寺康彦の才能が、「若手育成の天才」と呼ばれたバイスバイラーにそのとき見いだされた。

戦績だけをたどれば惨憺たるものだが、二宮の意図するところはより高い次元にあった。成熟度低きサッカー環境の中での精一杯。悪目立ちや老害とは対極の所にいた二宮が、どん底に打ち込む下支えの柱の一本であったことを疑う者はいない。

第七節　七〇年代のサッカー・メディア

置き去りにされた日本サッカー

七〇年代を振り返る際に必ず出てくるのが、一九七九年の晩夏に日本で開催された第二回ＦＩＦＡワールドユース・トーナメント（現・Ｕ20ワールドカップ）である。マラドーナや、横浜マリノスでも名を馳せたラモン・ディアスがアルゼンチン・ユース代表メンバーとして来日し初優勝。予選免除のユース日本代表チームをメキシコ銅メダル組の松本育夫が猛練習で鍛え上げ、話題性にも事欠かなかった。

日本ユース代表は開催国にもかかわらずグループリーグ敗退となったが、当時の情況ではホーム二分け一敗でも大善戦。しかし、そこでの強化がなければ更に長く低迷が続いたはずだ。キャプテンを務めた尾崎加寿夫《かずお》（のちブンデスリーガ、ビーレフェルト）、水沼貴史、風間八《や》宏《ひろ》ら当時のメンバーには八〇年代に開花を遂げた者たちも少なくない。ただそれ以降は、八〇年代中はおろか九〇年代前半までの七大会連続で予選突破に失敗している。隔年開催のこのカテゴリーで、出場国数が「一六」から「二四」になるのは一一回目の九七年マレーシア大会からである。

光明が見いだせなかったわけではない。レフティ奥寺康彦の渡独一年目（七七‐七八年シーズン）にいきなり一筋の光が差し込んだ。1FCケルンでのリーグ及びドイツ杯でのW優勝である。ケルン市庁舎バルコニーでの優勝報告に、オクが中心選手として立ったときの写真に見入ったファンは多い。

そのいっぽうで日本代表はふるわず、「観客まばらなスタンドの私語が気になるときがあった」と正直に話してくれたのは七四年から七八年まで代表チームにいた西野朗だ。数少ない応援組織だった日本サッカー狂会が、鉄筆使用のガリ版刷りの会報と試合応援で活動を続けていたのは知っていたが、燃え盛る火のような時期はとうに去り、限りなく灰燼《かいじん》に近い状態だった。

高度経済成長を終わらせた七三年の第一次オイルショック後は、白けと就職難の時代だった。それでも音楽業界だけはいまだ華やかで、対抗文化世代には居心地のよい場所だった。私はヒットチャートのオリコンに働く場を許され、八一年春の転職後は先端ファッション系の雑誌社・流行通信で編集の采配を振るえた。

あまり語られないことだが、七〇年代文化現象を振り返る際のサッカーほど惨めなものはない。スポーツ全般を総括する印刷物やテレビ番組にまるで出てこないのである。かくいう私も、一生の友と崇《あが》めたはずのサッカーを置き去りにしてしまっていた。少し大袈裟に言えば、政治的転向や棄教のもたらす贖罪意識をあるときから抱くようになる。だるま落としさながらに一〇年近い時間が木槌で横に打たれてしまっていた。観戦の再開と選手インタビューやコラム執筆を自分が編集長を務めていた「スタジオ・ボイス」誌上で始めたときは、すでに八〇年代に入ってしまっていた。

最初にしたインタビューは、婚約中のラモスだった。「瑠偉《るい》」の当て字を、通訳を頼んだ婚約中の清水初音さんに奨めたのもそのときのことだった。

サッカー専門誌はタコツボ化を余儀なくされながらも骨を惜しまず発行を続けていた。七〇年代に創刊された「イレブン」の歴史について書いた拙稿を本章の最後に転載することで、この時代、この業界ならではの空気を伝えられるかもしれない。一七頁《ページ》と長くなるのをご寛恕《かんじょ》いただきたい。

紙のキャプテン、手塚宣武——専門誌「イレブン」の18年

海外フットボール事情に特化した月刊専門誌があった。試行を繰り返しながらも乾いた情熱と使命感が編集サイドにあったことは疑いようもない。

時を経ても「イレブン」は日本サッカーへの愛と絶望の渦巻く紙のタイムマシン。懐かしい筆者がいる。貴重な写真がある。話に聞いたことがあっても、実は知ってるつもりでしかなかった内外フットボーラーの若き日々がある。褪せた頁をめくる行為は歴史を引き継ごうとする強固な意志へとつながるに違いない。18年もの長きにわたって同誌の編集長を続けた〝紙のキャプテン〟手塚宣武を訪ねた。

「なんで今更？」

同じ言葉を発した人がいたな、と不意に一陣の風が吹く。今は亡き元日本代表MFネルソン吉村さんを訪ねたとき以来のことだった。

歴史継承の意志を欠けば、ワールドカップ1次リーグ敗退の衝撃で何もかもが空しくなる。渋谷スクランブル交差点でのハイタッチも若ければしただろう。スタジアムのゴミも拾っただろう。だが、それだけでは終われない。より経験豊富で知的な未来を信じたいし、探究心を失わない人たちと出会いたい。日本代表の頓挫を見るたびにそうやって荒立つ心を鎮めて来た。

「イレブン」の後期執筆陣のハシクレだったから元編集長・手塚との話はし易い。堅苦しくいえば、30年来のご厚誼を賜りということになる。「なんで今更?」に私は、こう答えるしかない。

「70年代と80年代が暗黒時代の一言で括られてもよいのかなと思いましてね。とり返しのつかないことをとり返したいんです」

古書市場における「イレブン」は、１９７１年5月創刊号からの8冊揃えで2万４０００円。１冊あたりではどの号も２０００〜３０００円が相場のようである。私はそれを安いと考える。しかし、人によっては節度もまた情熱の一形態である。感傷はとうに始末しましたよとばかりにこうきっぱりいわれてしまった。

「93年夏の『ニューイレブン』に〈『イレブン』誌の18年、４８０００行に漂う　日本代表の光と影〉を書いたでしょ。あそこで僕の考え方は尽きています。意地で書き上げたから（笑）」

４万８０００行の意味を質《ただ》すと、「日本代表関連の特集はいつも4〜5頁を割いていました。一回分４００行として１２０回はやったという意味」と返された。

当該号に目を落としてみよう。綴られているのは日本プロサッカーリーグ（略称Jリーグ）

誕生を祝してのアンビバレントな喜びである。おれの自信作を読んでくれという話ではない。次掲する前文からしてどこか痛々しいのだ。そこには堪《た》え難いほどの試練を思わせる何かがある。

〈「サッカーは世界のスポーツ」を旗印に『イレブン』が創刊されたのは71年5月。この年から18年（休刊は88年11月号）。『日本代表が「世界の檜舞台に羽ばたく日」』を念じて多くの特集を編んできた。世界への切符にあと一歩と迫った頃もあった。また暗黒の時代もあった。そんな歴史をたどりながら、日本代表は夢舞台に手の届くところまできた。改めていま『イレブン』誌上の日本代表関連特集の行間を読み進むと必ず《アマチュアリズム》にぶちあたるのだった〉

含意に富むリード文である。アマチュアリズムの古層が脈々と生き続けていたことにブラジル２０１４で気づかされたから尚のこと重い。アマチュアリズム自体が悪いのではない。組織的な大きな戦いの過程で心の隙や甘えを生みだすプロらしからぬ側面や構造が問題なのである。ひりつく契約対決社会を体験した協会／リーグ最上層部があまりに少ないことを保身のためから誰も突けない。切腹するＳＡＭＵＲＡＩ　ＢＬＵＥを、むしろ引責辞任するイタリア協会の会長に見いだす有様だ。

私には解説者としてテレビ／ラジオに出てくる代表ＯＢの過半数が依然としてアマチュアのままに見えた。それなりの佇まいで、もっとプロらしい繊細微妙な発言をしてもらわなければ困ると思った。新陳代謝のわるい業界に成り果てた理由に企業アマ時代の残滓があることは明白だった。

それもあってか、手塚の筆による最期の７頁が投降を促す檄文のように読めてしまう。しかし哀しいかな、当時は埋没的な最終総括のようにしか映らなかった。何しろＪリーグ・ブームに沸く93年夏のことである。「イレブン」は93年8月号を最後に刀折れ矢尽きてしまう。雑誌は生き物。押っ取り刀で復刊しても5年近くのブランクは埋めようがなかった。

小見出しを拾うことで48歳当時の手塚の胸の内が伝わるかもしれない。

〈常に日本代表研究のテーマは「なぜ得点できないのか」だった〉
〈アマチュアリズムに縛られた協会首脳たちの苦悩〉
〈１９７２年『イレブン』誌は「日本サッカーを救うのはプロ化」と提言〉

〈「日本チームに欠けているのはゴール前のパワー」とイギリス人記者も指摘した〉
〈80年代に入っても意識のギャップは依然埋まらず〉
〈〝切り札〟森孝慈登場でほのかに灯った世界への光だったが…〉
〈アジア・サッカーの盟主となった韓国もやはりプロ化で発展した〉

自決前の〝檄文〟を読み始めた私に手塚が補足説明をしてくれる。落ち着いた口調と物腰は初めて会った頃と変わらない。

「9年間で日本リーグと天皇杯を2度ずつ制した二宮（寛）監督時代の三菱（重工、のち自動車）が〈栄養費〉という名目で先行したんですよ。〈栄養〉という視点から物申したのは『イレブン』が初めてでした」

73年4月号のルポでは、代表合宿の実態が明かされている。以下は、手塚がどうしても再掲載しておきたかった日本サッカー史の一断面である。時はプロ野球読売ジャイアンツによるV9最後のシーズン。高度経済成長がオイルショックで一転、危機に瀕する年の春だった。

〈相当な運動量だ。だが、ここに問題がある。

食事だ。昼メシなどは卵焼きにざる蕎麦だ。観光客の食事ではないのだ。肉は3日に1度。「肉が食いたいよーッ」という悲鳴にも似た声が出るのは当然だろう。部屋が監督も含めて6畳または8畳に3人とスシ詰めなのは仕方がないとして、カロリーの補給だけはちゃんとやらないと、長い間には必ずバテてへたり込んでしまう。一日の予算（1人当たり）2千5百円。…5千円はかけなければならないだろう…試みに記者が同じ夕食をとってみたら千200円という請求書がきた。残り千300円で朝食と昼食…結局、予算が少ないのだ〉

〈このカロリーで走れるか？　…朝＝生卵1個、海苔、牛乳1本、味噌汁、ご飯。昼＝卵焼き、ざる蕎麦、味噌汁、牛乳1本、ハム少々、ご飯。（この他3食とも塩辛、海苔などの瓶詰め、みかん、バナナなどあり）〉

Jリーグ以降のサッカー・ファンには聞き慣れない「栄養費」問題がすべてを象徴していた。

「あの当時は批判をしていなくても、そういう名目での金銭の動きがあると書いただけで日本リーグ（JSL）の所属企業に呼び出されるんです。アマチュア規定に違反するのどうのでね、実にもういろんなことが。『あなたのところ潰すのは簡単ですよ』と脅かしてくる不動産建設業の広報部長もいてね。まあでも、それからプロ化の前段階にあたるノンアマチュア化が加速して行ったんじゃないですか」

正論を唱えるだけでは売れ行き向上につながらない。サッカー専門誌は「全日本」の時代も今も戦績次第なのである。

『イレブン』を編集・発行していた日本スポーツ出版社は、当初全員がベースボール・マガジン社ＯＢ。中枢が抜けて昭和40年代前半に創業したんです。休刊のときはもう多勢に無勢でね。格闘技の人気専門誌と違って不採算部門を預かる僕一人の抵抗ではどうにもならない。理解者を一人そがれ、二人そがれで相談もなく休刊を決められてしまった。

予測をしていなくはなかったんです。84年のロス五輪、86年のメキシコ・ワールドカップ、88年のソウル五輪のうちのどれか一つでも出ていたら続けられたと思います。代表チームが勝てないことで社内的な風当たりがどんどんどんきつくなって行く。そのことがいちばん大きかった。プロの代表監督になるのをストップさせられた森（孝慈）監督の無念と同じですよ。あと一歩でメキシコ・ワールドカップ本大会に駒を進められた森さんの85年最終予選での悔しさがよくわかりますよ。ロス五輪予選との2度のチャレンジぐらいでは辞めるのが早いと僕は思ったですね」

創刊当時の目玉はクラマーの連載

バックナンバーを総覧して驚くのは、日本人選手が表紙に出てくる機会の少なさである。ライバル誌との棲み分けに見事なまでに徹している。方針を変えるのは、主として森監督時代からである。期待度が高かったのは森の人間力によるところも大きかった。ただその森も「イレブン」同様、本格プロ化の波に飲み込まれてしまった面があった。情熱には限りがあるということなのか。ブラジル大会の敗北で「一気に老け込んでサッカー人生が終わる可能性もある」と語ったのは今野泰幸だったが。

「海外物中心で行く方針は71年の創刊当初からです。『サッカーは世界のスポーツ』ということでね。『サッカーマガジン』の誌面は、ほとんど国内リーグと代表チーム。『イレブン』はジョージ・ベスト、ベッケンバウアー、クライフのいたヨーロッパ中心で、南米に関してはペレのブラジル中心。その次が、78年ワールドカップの開催国や79年ワールドユース日本大会ということもあって、ケンペス、メノッティ監督、マラドーナのアルゼンチン。サッカー本大賞をとった近藤篤が白山の編集部に現れたのは、彼が上智大学の3年か4年だった80年代の半ばじゃないですか。スペイン語の翻訳をやってくれてた前任者が彼にバトンタッチしたんです。写真機を買って海外放浪に出たのもそのころかな。相変わらず彼はいい写真撮ってますね」

「『イレブン』のコンセプトを創った創刊編集長の佐藤邦雄は一昨年夏亡くなったという。

「（佐藤）邦さんは日刊スポーツの出身。ボクシングやアマチュア担当の敏腕記者です。教えてもらうことがたくさんありました。5年いた『週刊ベースボール・マガジン』の編集部を辞めて新会社に参加したら、とりあえずサッカーやってくれと。72年の2月からです。編集後記にあたる巻末の『編集メモ』は、邦さんのあとを継いだ73年4月号から書き続けました。

　邦さんの人脈の広さと世界の一流記者を引っぱってくる行動力は凄かった。引き継いだ僕は彼の敷いたレールを走っただけです。

　神奈川の茅ヶ崎第一中学3年のとき、サッカーが体育の正課に入るわけです。二つ上の先輩からサッカーシューズをもらって、野球部のサウスポーだった僕だけがサッカーもやってたというその程度のキャリア。64年の東京五輪は大学2年の時ですね。なので、バトンタッチのときには、サッカー知らないでよく創るという見方をされました。いわれたわけではなく、ちょっとした間を置かれたなという感じ。でも僕は雑誌の編集とは、そういうものじゃないと思った。それを補うのがブレーンだと。気にすることもなく誌面刷新をしました」

創刊当時の目玉は、〈本誌独占連載『D・（＝デットマール・）クラマーのワールド・クラスサッカー』（2色頁）〉だった。クラマーの指定した翻訳者が、財務事務次官を務めた勝栄二郎というあたりも歴史を感じさせる。野田佳彦首相時代の「陰の総理」といわれた勝が、東大法学部の学生時代にドイツ人記者からの電話を同時通訳し、テープに吹き込む作業をしていた。それほどにドイツ語が堪能だったという。

「初めのころは74年ワールドカップの開催国ということもあって、誌面を西ドイツ、西ドイツで攻めて行く時代でしたね。ピーター・シュレーダー記者には長く活躍してもらいました。その後も77年秋のオク（奥寺康彦）の1FCケルン入り、尾崎加寿夫、風間八宏の渡独が続いて、ドイツ情報に関しては二宮（寛）さんの協力を仰げたことでもう独占状態でした。ヘネス・バイスバイラーの連載の翻訳もしてもらったりでね。ブレーンというあたりでの人的な財産には本当に恵まれていました」

サッカーの感受性を磨いてくれた「イレブン」

手塚には、この編集長のためならという気にさせる人心収攬《しゅうらん》の才があった。キャプテンシーに近い何ものかを孤独なピッチャーズ・マウンドで磨いたのかもしれない。幼いころからの長身が逆にコンプレックスになったという。

今思うに「イレブン」の名物頁は、リーグ順位表の付いた「ワールドサッカー・レヴュー」（＝「イレブン海外ジャーナル」）だったのかもしれない。イギリス情報はパット・コリンズ、西ドイツはピーター・ピッツァ、U・シュレーダー。イタリアが『ラ・ガゼッタ・デロ・スポルト』の主筆だったジョルジオ・モッターナ、オランダがフベルト・ビーンズ、スペインはカルロス・ブリビアン。北米サッカーリーグ（NASL）情報は後藤新弥。ブラジル情報は日系人のわたなべ・よしひろ。アルゼンチン、ウルグアイ担当のアティリオ・ガリードと多士済々だった。

「安い原稿料でね」と申し訳なさそうにいって手塚が続ける。

「1ドル250円時代で150ドルぐらいの原稿料なのによく書いてもらいました。その時代は新聞に一流の記者がいましたね。だけど朝日の大阪本社編集委員だった大谷四郎さんあたりから鬼籍に入られて外国の執筆陣も一人減り、二人減りで、サンケイスポーツの広瀬仁一さんも亡くなりました。まあそれも仕方がないことなのかなと。代表監督、コーチOBでは、川本泰三さん、高橋ロク（英辰）さん、（長沼）健さん、ペラ（平木隆三）さん、岡（野）俊（一郎）さん、森（孝慈）チョンさんと皆さん協力的でした。特に岡野さんは感銘を与える名文家で『世界名勝負物語』を2年以上にわたって忠実に再現してくれました。それに続く連載『ワールド・サッカーへの招待』では、プロ化についても健筆をふるってもらいました。作家の虫明亜呂無さん、漫画家の望月三起也さん、アナウンサーの金子勝彦さん、女性スポーツライターの長田渚左さんと内外のカメラマンにも安い対価で協力してもらってね。産経におられた賀川浩さんにも毎回寄稿してもらいました。賀川さんは89歳の世界最長老になられても今回お元気でブラジル取材をされてますね。選手では、宮本輝紀、杉山隆一、加藤久、セルジオ越後にマリーニョといった面々が忘れがたいですね」

サッカーの感受性を「イレブン」で形作って来た人たちがたしかにいる。年齢的な下限は47歳のカズ世代だろうか。

「一人、二人と国立競技場の客を数えられる時代が長かったですね。息子がまだ小さい時に連れて行ったら、退屈して『聖火台行って来ていい?』『はい。行って来い、行って来い』と。スタンドを半周近く回る姿が、遠ざかってもまだ目立つというぐらいに客が少ない。でも記者席はいっぱいなんですよ。紙面はどうかといえば、そんなに扱えるスペースはないのにね」

浅草の地を愛する手塚は、この日老舗レストランの2階を指定してきた。少し痩せたのを気にしてか「撮影はやめてね」と釘を刺す。ワールドカップ２０１４ブラジル大会は「闘病中」という境遇でのテレビ観戦である。

「病気をして初めて思うのは、同じ昭和19年生まれのガマさん（釜本邦茂）と同時代の青春を送りながら『イレブン』に打ち込んで行ったあのころの気持ち。英雄・釜本神話の第1章にふさわしい有名な逸話があるでしょう。京都・太秦《うずまさ》小学校の卒業式で、京都サンガの前身にあたる『紫光クラブ』の池田（璋也《てるや》）先生がガマに『サッカーをやれ。野球と違って、サッカーにはオリンピックがあり、外国へも行けるぞ』というのが。

当時は外国へ行くなんて夢のようなものだった。70年代に入ってからは、僕もその通りになって、あまり行く人のいなかった時代の西ドイツ・ワールドカップを皮切りにヨーロッパ選手権やブラジルにも何回か行けて無名時代のカズの取材もしている。野球だけの編集者人生だったらアメリカにしか行けなかった。

ところがその余波なのか報いなのか、メジャーリーグの野球をまだ一度も見たことがない（笑）。日ハムの山田正雄GMが高校（明大付属明治）の野球部の同期で古い付き合いなんです。で、彼が嬉しいことに『早く治して元気になれ。俺と二人で人生の仕上げにメジャーの球場を回ろう』といってくれてる。ですから、本当にいい友人を僕は持てたんだなと……」

絶望的な時代を生きた本物のSAMURAI BLUE

「イレブン」のことは一度書いておかなければならなかった。ワン・ノブ・ゼムではない時代に担っていた使命感がひしひしと伝わる前期（71年〜79年）、つまりは第2代編集長・手塚宣武の20歳代後半から30歳代半ばにかけてが黄金期だったのかもしれない。見過ごされがちだが、世間の無理解とは裏腹、投稿欄の熱さや国内スポーツ用品メーカーの広告頁までもがギラギラとした輝きを放っている。「ボクが辞めることで、協会が少しでも反省してくれるなら――」と言い残して去った27歳の松田輝幸アジアユース監督（のち、広島県工監督―呉大助教授）にまつわる4頁にわたる協会批判記事が掲載され驚いたこともあった。ワールドカップのアジア枠が一つしかないあの絶望的な時代にも切腹の覚悟をもって努めた本物のSAMURAI BLUEがいたのだ。

「サッカーを愛する皆さん」の精神の土壌に染み込む月一回の雷雨。それが専門誌「イレブン」だった。「テレビガイド」欄が地方局の番組まで含めてわずか数本にとどまる時代が続く76年1月号の編集メモにはこうある。

「▼日本リーグの観客動員数が目下減少している。一時は急カーブで上昇していたサッカー人気。底辺は間違いなく拡がっているのに、なぜかスタンドは閑古鳥が鳴く寂しさ。多くの人はその原因として個性喪失によるチームの平均化がゲームへの興味を半減させていることをあげている。読者諸君と共にもう一度原点にたちかえって考えてみたい。（手塚宣武）」

あれから何が改革されたというのだろう。サッカーが、無意識下で機能するベーシックな文化領域になれたとでもいうのだろうか。あと一歩のところでメキシコW杯の夢破れた10年後の86年1月号の編集メモでも手塚はプロ化を懲りることなく訴えた。

「▼日本サッカー界も代表チーム強化の根本的な改革に早急に着手しなければならない。また、10数年前、一部で発足寸前までいった〝プロ化〟が水面下から一気に浮上することも考えられる▼日本が世界のサッカー界から取り残されないためにも、サッカー界首脳の〝大英断〟に期待する。小誌も遅ればせながら『プロ化への研究』をスタートする。（手塚宣武）」

大英断のあとにもたらされたものは無限無責任集団の完成である。

リーグ開幕の日は？　と手塚に一度どうしても聞いてみたかった。

「鹿島にクルマで行きました。一観客としてです。それが最初で最後です、Jを見たのは。隔世の感がありました。サッカーから離れる時間が長かったのは、色んな思いがあってね」

手塚は2003年に代表取締役（専務）を退任。その後は顧問を3年務めた。今は病気療養中でありながらも社会奉仕活動に勤しむ日々だ。とはいっても人生経験豊富な者にしか務まらぬ難しい活動で疲れて欲しくはない。

「専門誌の編集者としてはね、『人に恵まれた』に尽きるんじゃないですかね。サッカー界を引きずってはいても、本来の野球に戻りましたから切り替えはきつくなかった。むしろ高校球界にいいタイミングで松坂大輔とかが出て来て、ある意味では恵まれていたしね。孫と一緒に去年夏の甲子園に出た横浜高校の渡辺元智《もとのり》監督とも同い年で仲がいいんです。サッカーは、ガマさんとたまに電話で話すぐらいですかね」

思わぬクールさで言葉を失いかけた。節度を弁えるのも情熱の一形態。「引き際の魔術師」であることもまた完全燃焼の一つの姿なのだ。手塚の潔さはどこか侍の切腹を思わせる。光栄なことに、この拙稿で私は〝紙のキャプテン〟の介錯人を仰せつかったことになる。

（文中敬称略）

第三章　誰も日本リーグを覚えていない

（「サッカー批評」ＩＳＳＵＥ69、双葉社、二〇一四年七月発行に一部加筆）

第四章

プロ志向の芽生え

一九八〇年代前半

第八節　物珍しさとしてのワールドカップ

どん底認定は、一九八〇年前後

正真正銘のどん底はいつ頃だったのか？

後藤健生の『日本サッカー史』では、ＪＳＬの一九七七年シーズンと、七八年三月のホーム対ＦＣアムール・ブラゴヴェシチェンスク三連戦のあたりを「最悪の時期」としている。じっさい、当時のＪＳＬ一部は一試合平均の観客数が公称一七七三人。今なら三部リーグ＝Ｊ３での平均観客数すらクリアできない数字である。一部、二部とも毎節各五試合ずつしかなかったとはいえ、一節あたり総数でも万に届かぬ数字だ。水増し発表は公然の秘密。二部リーグの五試合分を足しても一万人に届かない節があったと思われる。

代表チームがたたかったその三連戦の相手ブラゴヴェシチェンスクは、ソビエト社会主義共和国連邦三部リーグのチーム。アムール州の州都ながらも現在の人口は二〇万人ほどで、規模としては甲府市や鳥取市に近い。アムール川（黒龍江）をはさんだ中国国境にある一地方都市のクラブにホームの東京、大阪で勝てない時期がたしかにあった。

そうした今はもう解散して無いクラブとの試合に向かった国立競技場の観客は、わずか二〇〇〇人ほど。六万人を熱狂させたつい半年前の同じ会場での対コスモス戦が嘘のようだ。釜本、奥寺の不在に苛まれる中、大阪・長居の試合でも千人台しか集まらずJSLの不人気カード並の客足だった。しかもJFAは半年以上ものブランクを代表戦でつくってしまっていた。三連戦の結果も△●●とふるわず、引き分けをはさんでの七連敗を喫してしまう。

二宮のあとを受け継いだGK出身の下村幸男《さちお》監督（当時四七歳）のもと、一九七九年一〇月中旬の三度目の対コスモス戦ではMFベッケンバウアーのゴールを浴びながらも、二-二（前半一-二）。しかし〝マッチメークの妙〟は再度繰り返される。次なる大目標は八〇年モスクワ五輪予選の突破と明確な中、直前のオリンピック強化シリーズとして招いたのはハンガリーの強豪ウーイペシュト・ドージャ。五〇年代にマジック・マジャールといわれた強豪国の名門チームで、長くそこに在籍した名FWベネ・フェレンツ（故人）は六四年東京五輪の得点王。全五試合にもかかわらずゴール数は「一二」。ハンガリーを初優勝に導き、旧国立競技場正面玄関上のプレートに他のメンバーとともにその名を刻んだ。五輪開会式の翌日、ベネが達成した対モロッコ戦（国立）でのWハットトリック（六ゴール）をたまさか小学六年生の私もバックスタンドから目撃したことになるが、クリケット出自のハットトリックという語彙自体をそもそも聞いたことがなかった。体験をしながらその名前を知らぬ状態は、精神疾患の状態と重なる。安定性を毀損する言説空間の貧しさは、今に至るサッカー界に顕著な宿痾《しゅくあ》である。

このビギナーズ・ラック以来、私は以後一度もWハットトリックを目撃していない。JSLでは七四年に松永章（日立）、Jリーグでは二〇〇五年の入れ替え戦でバレー（甲府）が達成したが、ワールドカップ二〇回八四年の歴史においてもWハットトリックは前人未踏の記録のままだ。

ついに観客は三桁台に

話を戻そう。八〇年一月下旬から二月上旬にかけて行なわれたその対ウーイペシュト・ドージャ戦の結果は、二分け四敗（△●●●●△）。初戦の国立競技場での観客は公称八〇〇〇人で、第二戦以降も一〇〇〇（大宮）、五〇〇〇（長居）、一〇〇〇（岡山）、六〇〇〇（鹿児島）、五五〇〇人（京都・西京極）とうら寂しい観客の入りが続いた。ことに岡山・県営陸上競技場での二月六日午後二時からの第四戦は、雪の降る平日水曜開催。しかしそうしたハンディがあったにせよ、実質三桁台の屈辱を味わったのはこの日が初めてかもしれない。挙げ句、ラスロ・ファガセシュというFWにハットトリックを決められての〇‐三（前半〇‐二）という惨憺《さんたん》たる試合内容だった。

GK瀬田龍彦（日立）以下、落合弘（三菱）、今井敬三（ヤンマー）、清雲栄純《きよくもえいじゅん》（古河）、岸奥《きしおく》裕二《ゆうじ》（新日鐵）、小見幸隆《おみゆきたか》（読売）、前田秀樹（古河）、金田喜稔（中央大）、尾崎加寿夫（三菱）、木村和司（明治大）、長谷川治久（ヤンマー）、碓井《うすい》博行（日立）、大友正人（読売）、横山正文（新日鐵）、監督／下村幸男（東洋工業‐藤和不動産／フジタ工業）、主審／平塚健一郎――これが悪夢のような九〇分間を知る日本側主要登場人物である。重要無形文化財保持者として総合認定されてもよいくらいである。

政権でいえば、当時は第二次大平正芳《おおひらまさよし》内閣の末期。パックツアーではない個人の海外旅行がそろそろ珍しくなくなる頃である。七四年西ドイツ、七八年アルゼンチン、八二年スペインと日本からのワールドカップ観戦者もぼつぼつ出てきていたが、世界のサッカー事情を目《ま》の当たりにすることで国内最高峰リーグであるはずのJSLと代表チームの低迷がいっそう際立つことになった。

アルゼンチンW杯に出かけた日本サッカー狂会の後藤健生ら在京会員五名が、岡野俊一郎の肝いりで発足した日本サッカー後援会に声明書と意見書を出して退会したのは、七九年に入ってから。七七年に代表チームの活動経費援助の目的でつくられた後援会への異議申し立ては、家業の老舗和菓子屋の経営と、JFL理事のみならずJOC総務主事兼ANOC（各国オリンピック連合）理事としても多忙だった岡野の不興を買う。

七九年三月のホーム日韓定期戦（二-一〈前半二-〇〉）はじめ、痺れる試合がなかったわけではない。だが、どん底を察知しての異議申し立てに対しても、回答はこのウーイペシュト・ドージャとの六連戦（一六日間）なのである。一つも勝てなかった上に、京都・西京極での最終戦（一-一〈前半〇-〇〉）では乱闘も発生し、更なるどん底状態が続く。大宮の第二戦（二-四〈前半一-〇〉）では、コーナーフラッグの立て忘れというたるみ切った事態まで発生し、開始後も開始後で雨上がりの芝草に足を取られてオフサイドの旗を上げたままひっくり返る線審（現・副審）がいて失笑を買っている。

三〇代で東洋工業に黄金期をもたらしたJSL初期の名将・下村幸男率いる五輪予選時の代表メンバーは、コーチの渡辺正（新日鐵）はじめ、田口光久（三菱）、清雲栄純、小見幸隆、木村和司、金田喜稔、永井良和（古河）、碓井博行、前田秀樹ら個性の強い面々だった。

しかしモスクワ五輪予選での五試合（クアラルンプール）では、韓国にいきなり一-三（前半

〇 - 二）で完敗してしまう。予選開催国のマレーシアと一 - 一（前半一 - 〇）で引き分けた第四戦終了時点で、国際舞台への道が三大会連続で断たれた。三大会連続の予選敗退＝〝負のハットトリック〟は、三大会掛けることの四年で一二年もの空白をもたらした。

アフガニスタン侵攻とモスクワ五輪

一九八〇年前後を「どん底」と認定すべき理由がほかにもある。七九年末のソ連軍のアフガニスタン侵攻に、アメリカをはじめとする西側諸国が猛反発。モスクワ五輪のボイコットと米国内モントリオールでの「自由世界オリンピック」の動きが出てきたため、六カ国（韓国、フィリピン、インドネシア、マレーシア、ブルネイ）総当たりのアジア予選（クアラルンプール）はオリンピック・イヤーの一九八〇年三月末にまでずれこんでいた。それのみならずジミー・カーター政権下のアメリカは、七九年元日に米中の国交を樹立。台湾との外交・防衛条約を解消したことによる「台湾問題」も発生していた。スポーツライター武田薫が『オリンピック全大会』（朝日選書、二〇〇八年）で「4年に1度の（五輪と同じ）サイクルで、アメリカ大統領選挙の年と重なる」――と記したように、大統領選挙が新年早々から一一月まで続くことも冷戦下ならではの不幸な事態を助長した。

総当たりリーグで韓国を三‐〇で撃破した地元マレーシアは、一位と二位が当たる決勝で再度韓国を二‐一で破り、モスクワ行きを我が物にする。ところがこれには後日談があった。マレーシアは西側諸国に同調して棄権。次いで予選二位の韓国も棄権してしまう。ならば日本代表チームは？

大平政権が不参加の最終方針を示唆した四月二五日の「見解」から五月二四日のＪＯＣ臨時総会での投票芝居（不参加賛成二九票、反対一三票）に至る過程で、実は代替出場の芽が出てきていたのだ。結局アジアからはイラン、マレーシアがボイコットし、代わりにイラクとシリアが勝ち抜いたクウェートとともにエントリーした。

イギリスとフランスはモスクワでの入場行進を拒否したが、ボイコットはせずスポーツの独立を保つ。日本の場合は、補助金の打ち切りや公務員選手の参加締めつけ情報への抵抗として少数精鋭派遣案が浮上する。なんとか承認は得られたが、六月一〇日にはＩＯＣ総会で個別参加案が却下されてしまう。別の道を探し切れなかったこの時代のツケが、いまだに重くのしかかっている競技団体があることを忘れてはいけない。当時のＪＯＣは、日本体育協会（日体協）内の一特別委員会に過ぎず、国からの予算を受け取るのは、文部省（当時）所掌下の日体協だった。失敗に懲りたＪＯＣは日体協からの独立財団化を目指すことになるのだが、後の祭りである。

渡辺正監督の無念

モスクワ五輪予選敗退直後の一九八〇年五月に下村監督を引き継いだのは、メキシコ銅メダル組の闘将・渡辺正（愛称ワンタン／当時四四歳）だった。ところが代表コーチから昇格した渡辺は、歯科治療中のクモ膜下出血によりわずか半年で退任を余儀なくされる。渡辺の炯眼《けいがん》は日本ユース監督時代から知る風間八宏、岡田武史らを代表メンバーに抜擢したことだろう。懸命のリハビリでサッカー界に復帰するが、下げ止まらない〝どん底続落時代〟ほど惨めなものはない。足を少し引きずるようにして国立競技場の代表戦に向かう渡辺の孤影を生前何度か目にしたことがあるが、声をかける者はいなかった。のちのオシムの病気辞任時に、渡辺の無念を想い起こす者もごくわずかでしかなかった。

モスクワ五輪予選期間中の新聞スポーツ欄を賑わしたのは春の選抜高校野球大会だった。メディアの扱いはますます小さくなり、続落が止まらない。一九八〇年秋の「毎日新聞」では、ヤンマー対読売、フジタ対三菱、日立対新日鐵、古河対ヤマハの好カード四試合の結果がわずか三五行で収められ、ＪＳＬの試合中継も激減。コア・ファンですら数年来のご無沙汰は当たり前という事態が普通になって行く。第一次サッカー・ブームの申し子たちにも就職、結婚とさまざまなライフステージ上の変化があり、サッカーの遠景化が避けられなくなった。

脈を取り返す工夫がなかったわけではない。八一年二月には、中断中のインターコンチネンタルカップの更新リスタート版とでもいうべきトヨタカップ（旧インターコンチネンタルカップ／トヨタ ヨーロッパ・サウスアメリカカップ）が始まる。トヨタカップが、一二月開催の不可欠なビッグイベントとして定着するまでに時間はかからなかった。冬枯れピッチへの疑問もないままにチアホーンが鳴り響き、欧州・南米名門クラブという名のブランドが、本来なら第三国の立場でしかない日本のサッカーファンを魅了した。それが終われば今度は元日・天皇杯決勝と、全国高校サッカー選手権大会である。垢抜けないマイナー調大会歌『ふり向くな君は美しい』（歌・ザ・バーズ／詞・阿久悠／曲・三木たかし）が否応なく聴こえて来る中での理想と現実との落差。年末年始の国立競技場はラグビーのビッグゲームとも重なり、その酷使ぶりには目に余るものがあった。

この時期、一九八〇年前後は、丸の内御三家（日立、三菱、古河）の〝与党・東京グループ〟と広島・東洋／九州・新日鐵の〝野党グループ〟に、新興〝第三極〟の読売／日産が徐々に拮抗してゆく頃でもあった。緑のユニフォームの読売は、応援スタイルもブラジル風。日産のユニフォームは、フランス国旗を思わせる青 - 白 - 赤のトリコロールで、それぞれのファッション性を武器に企業風土に飼いならされた感のある〝社マチュア〟勢を挑発した。

ロス五輪予選の幻滅感

日本代表復活の萌芽は、八二年スペインW杯アジア・オセアニア予選（香港政府大球場）の四試合に見られた。渡辺監督時代の強化部長だった川淵三郎が急遽引き継いだ新チームは、結成からわずか四戦目で本番を迎える。若手に入れ替えた代表イレブンの中には、都並敏史（当時一九歳）、戸塚哲也（同）ら読売クラブ勢に、日産の金田喜稔（二三歳）、木村和司（明治大学四年）ら広島県工OB。中盤には風間八宏（筑波大学一年、一九歳）も入るテクニカルな陣容。対シンガポール（一 - ○〈前半一 - ○〉）、対中国（○ - 一〈前半○ - 一〉）、対マカオ（三 - ○〈前半○ - ○〉）、対北朝鮮（延長○ - 一〈前半○ - ○、後半○ - ○〉）の二勝二敗ながらも好ゲームを展開した。もっともこれには、壮行試合でDF清雲栄純（三○歳）、FW釜本邦茂（三六歳）、FW碓井博行（二七歳）らを擁する日本代表シニアに二 - 三（前半○ - 二）で敗れたにもかかわらず——というオチがつくのだが。

予選終了後の八一年五月三一日のジャパンカップ、対エバートン戦からは既定路線通りに森孝慈（当時、三七歳）が代表コーチから監督に昇格している。しかしその新体制も一九八四年四月に始まるロサンゼルス五輪アジア最終予選（シンガポール）では、対タイ（二-五〈前半〇-二〉）、対マレーシア（一-二〈前半〇-一〉）、対カタール（一-二〈前半〇-一〉）、予選通過を果たすイラクとは一-二〈前半一-二〉と予想外の四連敗を喫してしまう。組み合わせにも恵まれていたため、ベテランGKを戻したことによる不協和音の発生とともども幻滅感を味わわせる結果となった。

一九八四年の「神運のコード・チェンジ」

何かがそれまでとは違う。もうどん底ではない。V字回復だってあり得る――。

そう感じられたのは予選敗退から五カ月後の九月三〇日日曜。ソウル蚕室《チャムシル》オリンピック主競技場で韓国代表を二-一（前半一-一）で破ったときのことだ。それから一年半後に知れわたる木村和司の壁超えフリーキックによる先制ゴールの予行演習が、この一二回目の日韓定期戦の先制ゴールなのだった。日本代表は韓国相手にアウェイのソウルで九連敗中どころか、史上一度も勝ったことがなかった。「学生選抜に似たプロ代表ではない平均年齢二〇・

三歳のチーム」と言い訳をされようが、勝利の事実は揺るがない。彼らは前年第四回世界ユース四位の選手たちでもあった。

第六感のようなものがはたらいた背景には、オリンピック幻想の弱まりがあった。四回目の一九〇八年ロンドン五輪から公式種目になったサッカーに付きまとうプロ・アマ問題さえ吹き飛ぶ東西両陣営の対立を、八〇年、八四年と連続して見せつけられればメッキも剥げる。それどころかオリンピック運動自体がすっかり政治化してしまっていた。

六八年メキシコシティ五輪開幕一〇日前の一〇月二日には、三〇〇人以上もの学生圧殺（トラテロルコの夜）があり、七四年のミュンヘン五輪では大会一一日目に六人のパレスチナ・ゲリラ「黒い九月」がイスラエルの選手、コーチ九人を人質に取った。侵入時に重量挙げ選手とレスリング・コーチ二人を殺害し、奪還作戦の失敗から体操、レスリングの人質全員と警察官二人、ゲリラ側の五人が死亡している。それだけではなかった。開幕直前にケニア、タンザニア、エチオピアなど二一カ国がイギリス領ローデシアの人種差別に抗議しボイコットを表明。慌てたＩＯＣ理事会はローデシアの出場資格剥奪を決議し、問題の収拾をはかった。

ボイコットの歴史はまた頑なだった中国選手団の歴史でもある。台湾問題にからみ、中国の本格的参加は夏季、冬季とも八四年のロス五輪以降のことである。

サッカー界の悲願が、ワールドカップ初出場にシフトし始めた。その起点がゴール中央やや左三五メートル付近からの（木村）和司のフリーキックなのだった。前半三六分の芸術的先制ゴールの持つ意味は大きい。シュート数が四分の一近い六本対二二本ながらも、アウェーでの日韓戦初勝利がモダンジャズの即興でいう「神運のコード・チェンジ」（平岡正明）のように思えた。専門誌「イレブン」八四年一二月号では、ヒゲをたくわえたキャプテン加藤久（読売クラブ）と森監督の試合終了後のカップ掌握シーンがカラー表紙を飾った。

洋学派の同誌が日本人だけで表紙を構成するのは、ロス五輪出場を目指す八三年一一月号での金田&木村コンビが最初だった。西ドイツ・ブンデスリーガ、ブレーメン対ビーレフェルト戦を伝える八四年七月号の表紙においても、奥寺康彦と尾崎加寿夫の疾駆する〝2度目の日本人対決〟がフィーチャーされており、次世代キャラクターに陽が当たり始めた一九八四年はまさにリスタートの年だった。

同年八月二五日土曜夜には不世出のストライカー釜本邦茂の引退試合が、六万二〇〇〇人で満員の国立競技場で行なわれた。ベッケンバウアーの代わりとして来日した〝左足の芸術家〟ヴォルフガング・オベラート（当時四〇歳）と後半だけ友情参加のペレ（四三歳）の前で、

ＹＡＮＭＡＲの赤いゲームシャツを着た釜本は前半一五分、加茂周率いるＪＳＬ選抜を相手にゴールを決める。オベラートから左サイドの楚輪《そわ》博《ひろし》に絶妙なパスが渡り、走り込んだ釜本が右足アウトで押し込んだ。試合はヤンマーが三‐二（前半二‐〇）で松井清隆（ＧＫ）、加藤久、都並敏史、水沼貴史、金田喜稔、マリーニョ、ラモス、ジョージ与那城《よなしろ》らを擁するＪＳＬ選抜を下している。

この引退試合は、「スポーツ・グラフィック ナンバー」（文藝春秋）が表紙にサッカー選手を登場させた最初の号だった。八四年九月五日発売の当該号は、創刊から丸四年が経つ一〇七号目。刷り部数も相当に慎重どころか、最少レベルに抑えたという。

七八年に三三歳で選手兼任監督になった釜本のヤンマーは、就任三年目の八〇年に四度目のリーグ優勝を果たした。ラストとなるこの八四年シーズンまでにリーグ準優勝一回、天皇杯準優勝一回、夏のＪＳＬカップでの初優勝とＶ２とそれなりの成功を収めた。企業アマチュアの確立に消極的だった関西サッカー界におけるヤンマーの成功は、釜本とネルソン吉村の歴史そのものでもあった。

新芽の芽吹きには落葉のゆずりが必要だった。世代交代が本格化する節目の年の真夏の夜の夢だった。

第九節　平壌一九八五

「農耕民族」だから勝てない？

イギリスの動物行動学者デズモンド・モリスによる『サッカー人間学　マンウォッチングII』（岡野俊一郎監修、白井尚之訳、小学館）が出版されたのは、一九八三年二月のこと。ロンドンの老舗出版社ジョナサン・ケープから八一年に刊行された『THE SOCCER TRIBE』（サッカー部族）の翻訳書だった。ふんだんな図像のすべてを差し替えた新装版が二〇一六年にアメリカとイタリアから出たほどなので、サッカー関連書にしては珍しい、時の試練を乗り越えた古典と言える。ベストセラーにはなりにくい大判フルカラー、三一九頁の豪華本で四八〇〇円也。日本では新種の学術書として受け取られたようだ。

『サッカー人間学』の新鮮さは、サッカーにまつわる人間行動の一切合切を解説してくれるところにあった。「部族の随行者」と題した章では〝青少年サポーター（ちびっこ派、駆け出し派，ファン、リーダー、無頼派、屈強派、狂暴派、酩酊派、日和見派、品行方正派）〟と、〝中高年サポーター（忠誠派、玄人派、おどけ派、野次派、苦悩派、奇行派、よそ者）〃――を的確な証拠写真とともに見せつけ、痛いところを突かれたような気にさせられた。「おい、日本人《ハポネス》、出場国でもないのにワールドカップに来て何してるんだ」と八六年のメキシコ大会でいたぶられた私は〃よそ者中高年サポーター〃として見られたに違いない。まだ三〇代ではあったけれど。

　モリスは更に「随行者のディスプレイ」として、部族ファンファーレ、紙吹雪、旗の林立、スカーフディスプレイ、歓喜の跳躍、手拍子、集団ジェスチャー、ジャングルの叫び、処刑ディスプレイ（狂信者が棺《ひつぎ》を担いだり監督の人形を火刑に処す儀式）、カーパレードなどに分類している。処刑ディスプレイとカーパレード以外は、のちの日本でも見られるようになる行動パターンだが、羨望混じりの気分で私は頁を繰っていた。

　三五年後の同書新装版の表紙では、相手選手への〃噛み付き前科三犯《ハットトリック》〃のウルグアイ代表FWルイス・アルベルト・スアレスが中指を突き上げている。齧歯《げっし》類扱いにまで至ったスアレスの問題行動には新たな深層分析的説明が必要だが、自分にとってはかつての日本語版カバーのほうがよほど鮮烈だった。

　専門誌のインタビューで後年私はこう答えている。

〈問題は(『サッカー人間学』の)装丁です。たとえ裏事情があるにせよ、写真カバーに日本リーグの三菱重工‐ヤンマーディーゼル戦を持って来るセンスに目まいがしました。今で言う浦和対セレッソ大阪戦なのかもしれないけれど、ヤンマーFW堀井美晴のドリブルを赤いゲームシャツの三菱DF斉藤和夫キャプテンが左から止めにかかる図でよいものかと。カバー写真はもっと選びようがあったはずです。ボールもボールで、60年代からの白黒32枚パネル式(正六角形20、正五角形12)。82年スペイン大会はもとより78年アルゼンチン・ワールドカップの時点で既にアディダスのタンゴ・マルチサークル・ボールが使われていたんです。その時代のイングランド、スコットランドならマイターやミネルヴァで白黒のものもあったけど、日本の場合は、「サッカー即白黒ボール」の条件反射と惰性的継続がいくらなんでも長過ぎました〉

陰気でおたくな私が指摘しておきたかったのは、本の中身とのズレのひどさについてである。それだけではなかった、悪性マゾ的メンタリティの大量発生に、この本が一役買ってしまった可能性も高い。「第1章　部族のルーツ」中の〈儀式的狩猟としてのサッカー試合〉の項が、のちのち長くいわれ続けることになる「日本人＝非狩猟民族＝得点力不足」説の論拠になってしまったからだ。これに集合的な諦念がカクテルされれば、更なる負のスパイラルである。偏狭な一国史観的自己認識でしかない〝農耕民族だから勝てない説〟がはびこるのも当然のことだった。五輪出場は再び分不相応の大きな望みである「非望」のレベルにまで達していた。

北朝鮮代表の「オーラ」

五輪出場を四回連続逃したことによるダメージは甚大だった。それがワールドカップとなれば、なおのこと厄介な障壁となるはずなのだが、本腰を入れてこなかったことが逆に幸いした。オリンピックの陰に隠れることができたからだ。

ワールドカップのアジアからの出場枠は現状のような四七協会中の四・五ではなく、ましてや二〇二六年大会からの「八」枠など到底あり得ない話だった。八二年スペインW杯ではアジア、オセアニアサッカー連盟にわずか「二」枠が許され、クウェートとニュージーランドが初出場を果たしていた。八六年メキシコW杯では東西アジア各「一」枠ずつとなり、日本は予選ゾーンB（東地区、一四カ国）に入った。

日本の入るその一次予選グループ四Bには、W杯ベスト8歴（六六年イングランド大会）のある北朝鮮が当然のように組み込まれた。ニュースを読むアナウンサーが「北朝鮮」と発語したあと約束事のように「、朝鮮民主主義人民共和国」といちいち付言するあの強盛的な空気は、金日成時代を知る者にしか思い出せない感覚だろう。身につけた「隠者のオーラ」は簡単に消えない。六八年には朝鮮総連のクレームによる〝フォーク・クルセダーズ「イムジン河」発売中止事件〃が起きていた。七四年に来日し、日本代表をまるで寄せつけなかった四・二五（国軍チーム）、機関車（鉄道チーム）、平壌市、豆満江《トウマンガン》（労働者チーム）、陸軍二・八などの耳慣れぬチーム名称と、六〇年代からの在日朝鮮蹴球団の剛毅さも相まって「北朝鮮サッカー」は強迫観念になりつつあった。アウトロー的雰囲気で鳴らしていた読売クラブでさえもが、在日朝鮮蹴球団との練習試合で手こずるという専門誌の記事が今も目に焼きついている。八〇年前後に蹴球団《チュクダン》は「幻の日本一チーム」とまでいわれた。

それもこれもが、六六年イングランド大会一次リーグの三戦目でイタリアを一‐〇（前半一‐〇）で破ったことに始まっていた。ベスト8入りした北朝鮮は、準々決勝でFWエウゼビオを擁するポルトガルにも勝ちそうな勢いだった。もっとも、六六年W杯アジア・オセアニア・アフリカ予選では、第二章でも述べたように三大陸合わせて「一」しか与えられない出場枠に抗議して、ボイコットする国が続出。北朝鮮は中立地プノンペンでのオーストラリアとの二試合（六-一、三-二）だけで本戦に出場し、イングランド北部の港町ミドルスブラで一次リーグの三試合をたたかった。地元クラブが三部落ちをして憂いに沈むミドルスブラの市民をひたむきなサッカーで魅了し、味方につけたことも大きかった。

プロ志向の芽生え

二〇代は誰しもが仕事を覚えるのに忙しく、心の余裕がない。自分と同年代の選手の多くが社業に帰っていることに気づいたのは八〇年代前半、試合会場でＪＳＬのプログラムをひもといたときだ。

八二年にはリーグの自主運営がスタートし、翌八三年には事務局が独立を果たしている。同じ年にプロ志向の読売クラブが初優勝。翌八四年に初連覇を遂げてからはリーグのムードも変わり、「社員の士気向上」や「企業イメージのアップ」などの現状維持最優先策に無理が生じ始めた。読売クラブの試合会場ではサンバ隊のスルドの打撃音を背にスター性のあるラモス、ジョージ与那城、戸塚哲也、都並敏史、加藤久《ひさし》らが中央突破の土煙を上げていた。

どこからともなく告げ口めいた声が聞こえてきたのもその頃だ。

「読売の選手は勝利給をもらっているらしい」

プロ⁉　上等じゃないか。何が悪いんだ。東欧のステートアマ同様、企業アマだってその実態は寄らば大樹の陰で、終身雇用付きのプロではないのか。じっさい丸の内御三家（日立、三菱、古河）の選手たちも「残業代」名目で出場給や勝利給をもらい始めていた。プロ・リーグの誕生に期待は持てずとも、まずは事実上のプロ契約選手をかかえる読売、日産、全日空のようなプロ志向のチームに肩身の狭い思いをさせないでくれという意識を持つようになっていた。

しかしそうは言っても赤瀬川隼《あかせがわしゅん》の野球ファンタジー小説が現実になるとまでは思えなかった。吉川英治文学新人賞を受賞した、その『球は転々宇宙間』（文藝春秋、一九八二年）には「名古屋グランパス」が先んじて登場していた。プロ野球新機構による地域名の付く都市球団の具現化がお伽噺として成立してしまうのだから、球界からして遅れをとっていた。

私自身もアメリカで大リーグ中継に接するまでは地域名が優先される現実に疎かった。ヤンキーズのようなチーム愛称よりまずニューヨーク（NYY）。ドジャーズよりもまずロサンゼルス（LAD）という優先順序を知ると、今度は意識変容が起きる。普遍に向かわぬ日本の特殊／固有性が次第に疎ましくなってくるのだ。

インタビュー、フットボール、野球、ライティング

一九八四（昭和五九）年の夏に雑誌社を辞め、私立探偵ならぬ私立の書き手兼編集者を標榜するようになった。車寄せのある西洋館、青山１９９９（現・ミュージアム１９９９ロアラブッシュ）でのラモスたちの結婚披露宴に参列したのもその頃だ。中庭《パティオ》でのお披露目には、彼の読売の仲間以外にもマリーニョ、木村和司ら日産のスター選手が招かれていた。地下茎のようなプロ志向人脈がすでにチーム事情を超えてできつつあったのだろう。雑誌編集長時代のカバーストーリーに出てもらった二八歳当時の明石家さんまや、古河電工の岡田武史もそこにいた記憶がある。まだ「全世界劇場《ワールドカップ》」を知らない夢見る頃の懐かしい一齣《ひとこま》だ。

同じ年の一一月には古河対読売（国立競技場）終了直後の乱闘を目撃している。「国に帰れ」と言われたラモスが激高し、両軍入り乱れての蹴り合いに発展。大量の処分者を出した。処罰を気にかけながらも社マチュア選手同士ではこんなに熱くなれるはずもないと、私は格安料金で観られる乱闘に胸を躍らせた。

この国の文化・芸術領域は新旧交代期にあり、ＹＭＯ（イエロー・マジック・オーケストラ）を旗頭に活気づいていた。ＴＯＫＩＯのどこかで頻繁にパーティがあり、ノンフィクションの書き手や新進気鋭の写真家、コピーライター、ファッションデザイナー、アーティスト、

建築家らが次々に新しい表現を試みた。インタビュー雑誌編集長としての肩書きを私は捨てたが、スキルも当座の発表媒体も得て、もはや何をしようが勝手なのである。七〇年代後半から耽読してきた哲学者森有正《もりありまさ》の思想的エッセーを追体験すべく、パリを拠点にヨーロッパへの「上京」を繰り返した。花の都のテレビ局は当時まだごくわずかしかなく、午後の番組放映は少し前までなら休止が当たり前という時代だった。落ち着きのある社会民主主義的なフランスに何かしらの癒しを求めていたのかもしれない。個人主義の追究こそが、内ゲバで収束するほかなかった全共闘運動への自分なりの総括だった。

手垢にまみれた旧感覚による「取材」とは違う個対個の、対決的インタビューに希望を見いだしたのも八〇年代である。我《われ》が汝《なんじ》に問い、読者という名の彼（女）が第三人称としていてくれれば、そこにじめつく集団思考の「世間」ではないカラッとした「社会（公共圏）」が同時成立し得るのではないか――。普通の人々へのロング・インタビューで構成し話題を呼んだ猪瀬直樹《いのせなおき》の『日本凡人伝』シリーズは、雑誌編集長時代の収穫の一つだった。

インタビューを自家薬籠中のものにしたあとは、どの国・地域にもあるフットボールを現実のものとして確かめたくなった。「異文化（理解／摩擦）」というあの時代ならではのキーワードが懐かしい。ヘンリー・ミラーの小説『クリシーの静かな日々』におけるパリの娼婦クリシーがまさにに自分にとってのフットボールなのだった。快楽的な食事と愉しい会話、素晴らしい交接とフットボールは等価同類であるべきだった。このスペクタクルと、休日するようになった仲間たちとの草サッカーを奪われれば人間の条件が成立しない。過剰な自意識からの解放と健康と楽観をもたらしてくれるフットボールを想うだけで、自分は存在できる。そんな気がした。

あるいはまた『荒地』派の詩人鮎川信夫《あゆかわのぶお》が一九五三年に発表した「競馬場にて」とも似た感懐と言うべきか。五月の空の下、一〇万にのぼる人びとが集まる競馬場で奇跡的に復員できた詩人は想う。

「どんな国際ニューズよりも／天気予報が気がかりだった日曜日」に「一枚の馬券を買うために／みんなどうしてこんなに自由にふるまうのか」――と。

七〇年代までとは明らかに違う、もう一つの感覚の論理が作動し始めた。

一方で私は野球ライターの端くれというポジションもキープしていた。蓮實重彦《はすみしげひこ》（草野進《くさのしん》）を中心に話題を集めた『プロ野球批評宣言』（冬樹社、一九八五年）の仕掛人兼執筆者のひとりでもあった。そもそもデビュー作にあたる一九八〇年当時の雑誌原稿（『闘技場の人』所載「『故郷』にあった球団」、河出書房新社、一九九二年）からしてベースボール・ライティングだった。子どものころ夢中になった東映フライヤーズのユニフォームが原宿・竹下通りの露店で売られていることへのイノセントな怒りが筆をとらせていた。

こと野球であればいくらでも書けるという奇妙な感覚が当時も今もある。ボクシング、ラグビーも経験上なんとか書けそうな気がする。反対にサッカー・ライティングに関しては悪戦苦闘が当然のようにつきまとう。値打ちのあるテクストがわずかしかないのだから、それもまた当然の話なのだが、サッカーにまつわる文章の書きにくさ、描きづらさは文化的蓄積の乏しさによるものだけではなさそうだ。

そうした書きにくい、描き切れない——の思いを抱えながら八六年メキシコW杯予選と八八年ソウル五輪予選の日本代表を追いかけた。「奇跡のW杯初出場！」「二〇年ぶり、悲願の五輪出場！」イコール、ベストセラーかと夢想しながら野心をたぎらせていたのかもしれない。燃え立たせる何かというよりは、第六感に近い感覚が作動していた。黎明期ならではの勢いや先乗り特権のようなものさえ感じられぬ中で。

スポーツと文学の相互浸透

代表監督の森孝慈と岡村新太郎コーチが祝杯を挙げた晩だったに違いない。銀座六丁目界限で、ほろ酔いの二人を見つけて思わず声がけをしていた。

「日韓定期戦の勝利、おめでとうございます！」

大衆レベルの「期待」を初めて感じたのだろうか。二人しかいない首脳陣が今までとは違うぞという使命感溢れる笑顔で応えてくれた。代表チーム付き医療スタッフからしてドクターとトレーナーが各一人ずつしかいない時代の一齣である。どの付くマイナーな体制であったその分だけ、人と人との距離が近かった。

思い返せば、あの銀座通りでの邂逅が「記録派随行者」としての出発点だった。冬籠《ふゆごも》りの虫が一匹這い出る感覚に近かった。

虫は手始めに一九八三（昭和五八）年から一〇年続くことになる「ＦＭホットライン」（ＮＨＫ‐ＦＭ）日曜夜の番組コーナーに森監督を呼ぶことにした。「メキシコ銅メダルのイレブンと今の代表チームを比べた場合、どっちが強いか」といきなり聞いて当時四一歳の森監督を困らせた。

週休二日制の定着とともに、それまでとは違う余裕が日本社会に生まれ始めていた。身体性回復の気運がスポーツと文学的ジャーナリズムとの相互浸透を促したのかもしれない。総合スポーツ誌「スポーツ・グラフィック ナンバー」（文藝春秋）の創刊（八〇年）もそうした動きなしにはあり得なかった。

疑似宗教にたとえられるのもうべなるかな、サッカーほど忠誠心《ロイヤリティ》を問われる競技はない。私は慢心と苦難とに特徴づけられるサッカー界の七〇年代を置き去りにしていた。負い目のような感情がしずかに降り積もっていた。

サッカー・ムラ周縁からの自由往来という立ち位置をその後も続けて行くことになるが、実感としては専門領域が一つ増えるだけのこと。中途ハンパなままで仕事人生が終わる危険をはらんでいた。しかし自分にとっては作家Aにとっての映画、精神科医Bにとっての音楽というふうに、奥行きの深さにつながるもう一つの眼が必要だった。村上龍にとってのサッカーはどうやら中田英寿個人への興味でしかなかったようだが。

拙著『雑誌的人間』（リトル・モア、二〇〇六年）で、すでに私はコラム、短編ノンフィクションなどの自選原稿とともに業界生活を回顧している。ただ、その時点ではまだサッカーの回顧にためらいがあった。回顧は終わりの宣言でもある。覚悟を伴わぬ回顧では、悪目立ちのするノーテンキな〝お回顧さん〟の記述になるだけなのだ。

ウィキペディアの立項（＝佐山一郎）を試しに今あたってみると、「スポーツとの関わり」という項目をどなたかが設《しつら》えてくれていて微苦笑を誘う。

…小学6年生の時に行われた1964年東京オリンピックのハンガリー対モロッコ戦を観戦して以来サッカーファンとなり中学へ進学するとサッカー部を創設してプレーをした。中学のサッカー部は公式戦や練習試合で勝てず、同じ学校のバスケットボール部に敗れるレベルだったという。

1985年にはスポーツ誌『Sports Graphic Number』の特派員として同年4月30日に北朝鮮の平壌で行われた1986FIFAワールドカップ・アジア予選に出場する日本代表に随行した。随行記者団9人のうち1名は共同通信北京特派員時代の辺見庸だった。

（ウィキペディア日本版、「佐山一郎」の項より）

完全敵地の凍土にて

一九八五年四月三〇日火曜の伝説的なアウェーゲームについては、ロヒゲのキャプテンだった加藤久が『完全敵地』（集英社、二〇〇五年）という表題の体験ノンフィクション作品を残している。彼にしかできない二〇年後の記憶蘇生の試みである。日本航空一二三便墜落事故（八五年八月一二日）が起きた同年一一月に始まるメキシコW杯予選は、アジア・サッカーの後進性を払拭する本格的な予選だった。まえがきで加藤が次のように記しておくのにも訳があるのだ。

（それまでの集中開催方式とは違う）ホーム＆アウェー方式は、サッカーというスポーツの醍醐味を引き出す、本当に面白いシステムだ。自国で1試合ずつ行なうことで、フェアに勝敗を決めることができる。海外に行けば空気が違う。バンコクの空港、ドバイの空港、それぞれに匂いがある、不慣れな環境の中で、自分たちが求める結果を得るのは難しい。

（『完全敵地』より）

旧植民地の人びとの対日感情が良いわけがない。しかも民政は形式上で、北朝鮮は最高指導者による果てのない個人独裁体制だ。韓国にしても盧泰愚《ノテウ》政権が発表する一九八七年六月二九日の民主化宣言までは軍部独裁体制が続いた。ジョージ・オーウェルの代表作『1984』さながらのビッグブラザー《独裁者》が支配する四月の平壌では、外出中に旅行鞄を勝手に空ける〝風習〟があり慄然とした。

「佐山記者先生様《キジャソンセンニム》、文藝春秋の社員名簿にあなたの名前がないのはなぜですか？」

案内人と称する監視役にそう聞かれた。ホームならではの気のゆるみを見せて気を許しているのは、むしろ彼らのほうなのだ。中世槍騎兵由来のフリーランスの定義を説明してもまるで理解不可能なので面倒くさくなった私は、英和辞書を一冊謹呈しながら「それより何より、社員名簿なる物をあなた方が持っていること自体がおかしくないですか」とやり返した。そのときの薄笑いを思い出すたびに背筋が寒くなる。

代表チームと記者団はパスポート取得のために北京のホテルで一泊してから平壌に入った。金元祚《キムウオンヂヨ》による禁断の書『凍土の共和国　北朝鮮幻滅紀行』（亜紀書房、一九八四年）を携行していたことをふと思い出し、慌てて出発前に処分してからホテルを出た。北京で処分していなかったらたぶん私は〝地上の楽園〟からの強制退去か、あるいはあまり想像したくないそれ以上の目に遭《あ》っていたはずだ。

勝者への祝福を忘れない

一一月のソウルでは蚕室《チヤムシル》五輪競技場での前日練習のあとに迷い、歩哨《ほしよう》に銃口を向けられた。たまたま近くを通った代表チームのバスに助けられ事無きを得たが、すでに一八名からなる代表一統の表情は緊張でこわばっていた。そしてその一体感の強さから「森日本丸」と謳われた代表チームの最後もまた仮借ないものだった。

北朝鮮とのアウェー戦は「スポーツ・グラフィック　ナンバー」に寄稿した紀行観戦記の長いタイトル「われわれは北朝鮮の首都平壌で引き分けた」そのものの〇‐〇。しかし最終ラウンドの二戦では、一〇月二六日土曜の東京・国立競技場での初戦惜敗一‐二（前半〇‐二）が響いた。ワールドカップ出場に史上最も近づいたこの試合では、木村和司の伝説的フリーキックと、バーを叩いてしまったコーナーキックからの加藤久のヘディングシュートの残像が今も脳裏から消えない。ＮＨＫ山本浩アナウンサーの実況劈頭《へきとう》の言葉「東京・千駄ヶ谷の国立競技場の曇り空の向こうにメキシコの青い空が近づいてきているような気がします」――とのセットで語ることができるのは、最早中年以上の人たちに限られる。

ソウルのアウェー戦は、〇‐一（前半〇‐〇）で終焉した。ビクトリーラン中の巨大太極旗の真下で、私はキャプテン朴昌善《パクチャンソン》を探し握手を交わそうとする加藤を追う。追いながらシャッターを切り続けた。この場から消え去りたいはずの加藤が勝者への祝福を忘れなかったのは、予選敗退直後にもかかわらず平壌のホテルを訪れ、土産の品を渡した北朝鮮代表ＭＦ金光《キムガン》浩《ホ》（在日朝鮮蹴球団）のことを思い出したからだ。「国破れて個人あり」のうつくしい実践だった。

忘れ得ぬ一日となったその一九八五（昭和六〇）年一一月三日日曜は、アウェー・対シンガポール・同ナショナルスタジアム（三‐一〈前半一‐一〉）、ホーム・対北朝鮮・東京・国立（一‐〇〈前半一‐〇〉）、アウェー・平壌・金日成スタジアム（〇‐〇）、ホーム・対シンガポール・東京・国立（五‐〇〈前半〇‐〇〉）、ホーム・対香港・神戸総合（三‐〇〈前半二‐〇〉）、中曽根康弘首相（当時）の靖国公式参拝を伏線に二度のＰＫ失敗がからむ敗戦の鬱憤から群衆暴動寸前にまでこじれたアウェー・対香港・政府大球場（二‐一〈前半一‐〇〉）、ホーム・対韓国・東京国立（一‐二〈前半一‐二〉）、アウェー・ソウル（〇‐一〈前半〇‐〇〉）——と転戦してきたあとの解散式が行なわれた日でもある。

私はそのソウル南山《ナムサン》ハイアット・リージェンシー・ホテルでのもろもろをレポートしたが、森監督のリーダーシップを称える写真と記事を「文藝春秋」にも寄稿している。「まだ（三菱重工の）係長だと書いてくれたおかげでかな、あれからすぐ課長になった。いい会社だよ」と、少し鼻にかかった特徴的な声で感謝されたのを今頃になって思い出している。

「森日本丸」といわれたこの時代の代表選手一八人とスタッフ、九人しかいなかった取材陣のことは今も気になる。酒量を競い合った慇懃な「共和国」体育委員会メンバーの安否といい、すべては俄《にわ》か特派記者による身勝手な懐旧でしかないのだが。

「記録派随行者」が見た大河の源流、その一滴

人と人との距離が近かったというあたりでは、その晩のもう一つの光景も強い印象を残している。

団長室とでもいうべき一二階の部屋には、黙考するJFA村田忠男理事がいた。ホテルは初のW杯出場権を得た瞬間、突如として大晦日の巨大リゾート地と化した首都のど真ん中にある。涙味しかしない二階ブランケットルームでの立食中華晩餐のあとのことだった。眺めの良い一二階の部屋で、私は村田が日本でのワールドカップ開催を決意する姿を目撃している。それから一七年以上が過ぎた二〇〇二年日韓共催ワールドカップ終了後に、当時の心境を聞くとこんな答えが返ってきた。

「靄《もや》のかかった漢江《ハンガン》の対岸を眺めながら色々考えましたよ。二〇年間同じことをずっとやってきたけど、このままではどうにもならん。韓国を相手にすると、どうしても後半にほころびが出て、良い時で一枚、悪い時には二枚か三枚足りなくなってやられてしまう。何か別のことをやらない限り、絶対予選を勝ち抜けない。まずワールドカップにいっぺん出すには地元開催しかない。『エ〜イ、こん畜生、やりゃあ、なんとかなるだろう』の心境でしたね」

村田は三菱重工香港事務所時代の六三年から協会の仕事をしてきた。ＡＦＣの評議員時代にメキシコシティ五輪のアジア予選に関する会議に出ると、韓国の評議員とこんなやりとりになったという。

「村田さん、今度のオリンピック予選、どうするの？」

「いやあ、僕としては是非日本でやりたいんですよ」

「『あ、そう、日本で。それなら我がほうは何もしないんでいいんですね』なんてことといわれて。で、日本に戻ったら協会常務理事の小野卓爾さんが『カネがないからできないよ』と。このときばかりはガッカリしましたねぇ。『いや、韓国側にもＡＦＣにもやると言ったし、やらなきゃ大変なことになる』と滔々《とうとう》と説明して、最後にやろうとなった。なんとか予選を突破できて銅メダルという良い結果になってねぇ、それは良かったんだけど……」

このときの村田の〝予選招致活動〟は三〇代半ばのことだった。東京集中開催での手痛い敗退に懲りた大韓サッカー協会（ＫＦＡ）は、七二年ミュンヘン五輪、七四年ワールドカップ西ドイツ大会と続けざまにソウルに予選会場を持っていってしまう。歴史に「if」はある。もし、村田が六〇歳の老人になっていた小野に唯々諾々として従っていたら、と考えるだけでもおぞましい。恣意性の臭いがするＪＦＡ殿堂に村田はいまだ掲額されず、小野はすんなり入っている。歴史の皮肉としか言いようがない。
朝鮮半島の三八度線を北から南に跨ぐ体験は、三〇代前半の得難い体験となった。しかしそうは言っても、次掲する紀行戦記の最終パラグラフのなんという拙さ。あの時代の自分の不明と世界観の未熟さを示していて今更ながら恥ずかしい。

いつの日か、よりクレバーで〝放り込み〟にばかり頼らないシュートの確実な統一チームと、プロ選手で形成された日本代表チームとのサッカー試合が行なわれることを心から願って筆をおこう。聞けば朝鮮にはこんなことわざがあるそうだ。
「10年経てば山河も変わる」
偉大な引き分け試合だった。

（「対北朝鮮アウェー戦随行記」より）

痛快だったグッド・ルーザーたちに、「ありがとう、ごくろうさま」と言ってあげたい。

（「対韓国アウェー戦随行記」より）

八〇年代半ばまでのサッカー日本代表には、加藤久が自身の体験ノンフィクション『完全敵地』で綴ったように「期待」はあっても「使命」はなかった。

この頃、日本国内では、創立五〇周年間近の阪神タイガースが二一年ぶりのリーグ優勝を遂げていた。ソウルでの敗戦前日には、二リーグ分裂後では初となる日本一を吉田（義男）体制で達成している。「阪神タイガースの唄（通称六甲おろし）」を声を限りに歌い、道頓堀に次々に飛び込む熱狂的ファンによる〝虎フィーヴァー〟が、サッカー日本代表の奮戦をかき消した。

第五章 プロとアマ、その波打ち際の苦難

一九八〇年代後半 - 一九九〇年代前半

第一〇節　代表監督退陣要求嘆願書

老け込む印象の代表監督人事

一九八〇年代の日本リーグはとても愉しかった。一九八六（昭和六一）年メキシコW杯東アジア予選の大健闘で人口に膾炙《かいしゃ》はせぬまでも、代表選手のキャラクターが立ち始めたからだ。出戻り、新参ファンにかかわらずグッド・ルーザー（良き敗者）たちへの視線は優しかった。都並敏史（読売）、松木安太郎（同）、水沼貴史（日産）ら「テレビに出る人」は今も多い。

一九八三（昭和五八）年以降の優勝チームの変遷をたどってみよう。

リーグ戦の覇者は、読売クラブ（八三年、八四年）、古河電工（八五年）、一〇月下旬から五月中旬までの秋・春（越年）制採用シーズンにおける最初の覇者、読売クラブ（八六－八七年）、ヤマハ発動機（八七－八八年）、日産自動車（八八－八九年、八九－九〇年）、読売クラブ（九〇－九一年、九一－九二年）――と続いて行った。

今のJリーグとの関連で見逃せないのは、全日空（→横浜フリューゲルス）、住友金属（→鹿島アントラーズ）、松下電器（→ガンバ大阪）、トヨタ自動車（→名古屋グランパス）などの新興勢力が優勝戦線に顔を出し始めたことだ。創設時の一〇クラブとして名乗りを上げることになるこれら国内メジャー・クラブは現在と地続きなのである。

カップ戦もすでに存在していた。夏のJSLカップの覇者は、ヤンマー（八三年、八四年）、読売クラブ（八五年）、古河電工（八六年）、日本鋼管《にっぽんこうかん》（八七年）、日産自動車（八八年〜九〇年）、読売クラブ（九一年）と続いていく。中日新聞社が主催したJSLカップは、ナビスコカップ（現・JリーグYBCルヴァンカップ）の前身である。上記チーム中で、会社上層部がプロ化を認めなかったのは日本鋼管（八八年よりNKK／現・JFEエンジニアリング）だけだった。

天皇杯に関しては、ほぼ二強状態で推移した。日産自動車（八三年）、読売クラブ（八四年）、日産自動車（八五年）、読売クラブ（八六年、八七年）、日産自動車（八八年〈延長〉、八九年）、松下電器（九〇年〈延長PK〉）、日産自動車（九一年〈延長〉）、日産FC横浜マリノス（九二年〈延長〉）――と続き、日産と読売が華やかさを競い合った。水口洋次監督率いる松下初V時の対戦相手も、日産自動車だった。松下電器にもキャラクターの強いGK本並健治《ほんなみけんじ》、FW永島昭浩らが在籍した。

日産サッカー部を一から築き上げた加茂周《かもしゅう》監督（関西学院大 - ヤンマー）の代表監督就任がもう少し早ければ違う歴史になっていた、と残念がる人たちがいる。だが、待望論はあまり聞かれなかった。奇妙な棲み分け理論のようなものが存在したからである。代表選手歴を持たない当時四〇代半ばの加茂は、ＪＳＬがプロ化を目指す上での看板監督という取り扱いだった。実弟・加茂建の経営するファッショナブルな「サッカーショップＫＡＭＯ（加茂商事）」もすでによく知られる暖簾《ブランド》になっていた。

人気を博した森孝慈の後継代表監督は、地味な印象の元フジタ工業監督、石井義信（福山葦陽《いよう》高 - 東洋工業）に決まる。課されたタスクは八八年ソウル五輪の出場権獲得。森以外のスタッフは据え置かれたが、新体制への移行は、中心選手の森時代への郷愁が強くスムーズに進まなかった。

契約・対決社会の厳しさを求めてW杯予選終了後、プロの代表監督を志向する森だったが、要望は調整されなかった。壁となったのは、長沼一家の拠り所でもある温情主義《パターナリズム》の負の側面だった。三度目の失敗が生じた際に、身内の切り札をクビにする事態は想定外という理屈だった。

四一歳で投了した森の後継監督、石井は四七歳。その差六歳であっても、老け込む印象は拭えなかった。石井を起用した専務理事時代の岡野俊一郎も、八〇年代の主流の定年年齢である五五歳に達していた。余談になるが、六〇歳定年の努力義務化は八六年からで、六〇歳未満定年制禁止の開始は九四年のことだった。

プロ公然化への突破口を開いた奥寺と木村

心機一転とはならぬ中での希望の光が二筋見えてきた。西ドイツから帰国した奥寺康彦と、ＪＳＬ初優勝を目指す日産の木村和司が国内初のスペシャル・ライセンス契約（プロサッカー選手登録制度）の対象者になったからだ。適用第一号の奥寺の落ち着き先が、古巣の古河だったことに疑問を持つ者はおらず、ブンデスリーガ在籍中（九シーズン）も会社は休職扱いにしていた。横浜工場の電力ケーブル課と本社計数課に在籍した七年の社歴に伴う、七〇万円の退職金も帰国後支給されたという。「懐の深さ」と表現される内集団温情主義の残る時代ならではの「美談」である。企業社会に根ざすウチ意識の強さは、移籍を可能にする受け入れ態勢の未整備を示すものでもあった。

「プロ公然化元年」となった一九八六／八七年シーズンの両者の年俸は、奥寺が四〇〇〇万円。木村和司の場合は公称二四〇〇万円ながらも実数では一二〇〇万円だった。当時二七歳のマラドーナ（ナポリ）が四億円、堅実な西独ブンデスリーガでは、バイエルン・ミュンヘン時代のルンメニゲの年俸六〇〇〇万円の半分が、クラブの探してきたコマーシャル絡みだったという。

プレー精度の高さと勝利への熱烈さが違う個人事業主になるのがよいのか、それともこのまま大企業のサラリーマンでいられる安定を選ぶべきなのか。全面プロ化への突破口が開いたことを喜ぶファンの声をよそに、選手やその周辺の悩みは深かった。

一九八六（昭和六一）年一一月三〇日日曜一三時からの第六節、日産対古河（三ツ沢）では、試合後に奥寺と〝国産プロ第一号〟木村にサインを求める長い行列ができていた。

前年度JSLと夏のカップ戦の覇者である古河電工は、年内最後のその日産戦（一‐〇〈前半〇‐〇〉）が初勝利という芳しくないスタートを切っていた。だが国外では事情が違った。秋口からの第六回アジアクラブ選手権一次予選を、古河は不戦勝で通過する。続くクアラルンプールでの二次予選では、地元マレーシアのセランゴールFA戦に二‐一（前半〇‐〇）、マカオのハプ・クワンにも三‐一（前半一‐二）で勝利。サウジアラビアの首都リヤドでの最終ラウンド三試合に臨んだ。

天皇杯サッカーの途中辞退（棄権）という決断が吉と出た。優勝候補だったサウジアラビアのアル・ヒラル戦で奥寺がいきなりハットトリックを記録し、四－三（前半一－一）で辛勝する。前半先制されたあと、必死のゴール前股間クリアーを敢行したキャプテン岡田武史と、後半のPKを阻止したGK加藤好男もまた特筆すべきヒーローだった。

二戦目のイラク王者アル・タラバにも二－〇（前半〇－〇）で勝ち、中国王者・遼寧省《りょうねいしょう》との最終戦は引き分けでも優勝という有利な状況となる。古河電工サッカー部はその試合も一－〇（前半一－〇）で制し、日本勢初の優勝を果たす。

快挙は一九八六年一二月三〇日火曜夜のことだった。ただこの時点でもアジア軽視（脱亜）の風潮は強く、新聞の扱いも天皇杯サッカー準決勝（読売クラブ対日本鋼管）のほうが大きいくらいだった。メキシコW杯におけるマラドーナを擁するアルゼンチンの優勝、西独ブレーメンからの奥寺の帰国、国産プロ公然化＝木村和司のスペシャルライセンス契約と続いた一九八六年の掉尾を飾る古河のアジアクラブナンバーワンは、もっと高い評価を得られるべきもののはずだった。

翌八七年一月には、南米選抜の目玉としてのマラドーナ来日も決定し、サッカー界は折からのバブル景気とともに好況に沸いた。

その一方で、牽引車であるべき代表チームの動きは鈍かった。半年以上もの大ブランクをつくって迎えた八六年五月のキリンカップ（旧ジャパンカップ）と七〜八月のムルデカ大会で、石井ジャパンはきっかけをつかめない。八八年ソウル五輪予選の試金石と目された韓国での第一〇回アジア競技大会（大田《テジョン》）でもうら寂しい結果だけが待っていた。同年九月下旬に始まった大田での中一日ペースの四試合では、イラン（〇-二〈前半〇-二〉）、クウェート（〇-二〈前半〇-一〉）に歯が立たず、グループ・リーグさえ突破できなかった。オクと和司がいても中東勢と優勝した韓国には——の思いが、再びまた名状しがたい閉塞感を呼び覚ます。メキシコW杯（五〜六月）とアジア大会が重なったのをきっかけに、ＪＳＬが欧州流の秋／春制を採用したことだけが救いだった。

逃した大魚さながらの八八年ソウル五輪出場権

ソウル五輪予選もメキシコW杯予選と同じようにホーム&アウェーでたたかえることになった。代表チームは翌八七年一月上旬から中国遠征を敢行し、一〇日間で上海市と二試合、湖南省、広州市、広東省ともたたかい、二勝三分けの好結果を残す。その後も各国代表チームや有名クラブを招いてのキリンカップと、日本リーグ選抜との壮行試合をこなしていく。強化試合は二一世紀の今よりも格段に多かった。加藤久は不動のキャプテンだったが、〃森日本丸〃の代表メンバーは木村和司をはじめ、一人二人と消えて行った。ＧＫの松井清隆（日本鋼管）と森下申一《しんいち》（ヤマハ）が残り、新たに金子《かねこ》久《ひさし》（古河）、中本邦治《くにはる》（日本鋼管）、勝矢《かつや》寿《とし》延《のぶ》（本田）、越後《えちご》和男《かずお》（古河）、松山吉之《よしゆき》（早稲田大）、武田修宏《のぶひろ》（読売）らが加わった。

　戦前ベルリン、戦後のメルボルン、東京、メキシコシティに次ぐ五度目、二〇年ぶりの出場をめざすソウル五輪予選が八七年四月に始まった。代表チームはまずインドネシア、シンガポールとの二試合ずつを全勝で終える。九月に入ってからの二次予選も、タイ、ネパールに得点を与えぬ三勝一分けで終え、あとは一〇月四日日曜、広州・天河体育中心体育場での対中国アウェー初戦と、ホーム国立競技場での最終戦を残すだけとなった。

　プロ化五年目のライバル国・韓国は自国開催による予選免除。となればもう日本代表にとっては、千載一遇のチャンスなのである。根拠曖昧な「待ちぼうけ」のお百姓的期待がふくらんで行った。しかし気になるのは、アジア大会で見せつけられた中国の強さ。サウジアラビアに次ぐ三位の結果を残したクウェートに、中国は準々決勝で延長一‐一のあとＰＫ戦で敗れはしたものの善戦している。

　六万観衆が見守るアウェー初戦（広州）を三‐五‐二で臨んだ日本代表は、押されっ放しながらも前半二一分、原博実《ひろみ》のヘッドで、一‐〇の奇跡的ともいえる勝利を拾う。ホームの次戦を引き分けても五大会ぶりのオリンピック出場という事態にサッカー界は色めき立つ。ここからソウルはもう目と鼻の先――と夢をふくらませた。オフィシャルサプライヤーのアシックスが配ったポストカードに書かれたチーム・スローガン〈夢にとどけ！〉が現実になりつつあった。

「GKと一対一になって三メートルの距離でFW（手塚聡）がシュートをキャッチされるか⁉　あれで俺らソウル五輪に行けなかった」

これは三〇年後に聞かされた情熱的悔恨である。ファン、サポーターの弁ではない。同じピッチ上を走りまわった当時の代表メンバーの言の葉なのである。

一九八七年一〇月二六日月曜夜の東京・国立競技場は強雨。五万観衆を背に五輪初出場を目指す赤いゲームシャツの中国代表は、激しい攻めから前後半各一ゴールずつを挙げた。速攻狙いの徹底守備戦術を選択した日本は無情にも〇‐二（前半〇‐一）で試合を失う。「初戦は先勝《せんしよう》だったけど、ホーム第二戦は暦注上の凶日である赤口《しやつく》だぞ」と、しなくてもよい無駄話をする余計な時間をつくってしまったのは、ほかならぬJFAだった。力の差が歴然としていた上に、その間の三週間で中国代表はチーム状態を立て直していた。

初戦の勝ち星をシュート数「二」対「二一」という劣勢で拾った日本代表チームが、間を空けずにホームで中国の焦りを誘えば違う結果になっていたかもしれない。

元々は、その奇跡的勝利から一週間後の一〇月一一日日曜に第二戦をたたかえる抽選結果だった。だがJFAは、一一日日曜を一五時半キックオフのJSLオールスターサッカー(国立競技場／日本テレビ放映)に決めていた。それまでの東西対抗戦を、冠スポンサー付き賞金大会に格上げしたばかりという悪いタイミングなのだった。甘い休息を中国代表にもたらすことになる、最早誰も覚えていないそのコダック・オールスター戦の結果は、東軍《イースト》が四-三(前半二-〇)で勝利している。MVPはコーナーキックから二ゴールをあげた戸塚哲也(読売)で、五〇万円の賞金に「こんな多額な賞金は初めて」と正直過ぎる感想をもらしている。勝利給は各自に一〇万円。出場した三〇人の選手に五万円の出場給が出たのが画期的なことのように報じられた。

しかしそれでもなお、日本代表の〝こぼれ幸い〟は続いていた。同じ日に中国代表は、バンコクでのタイとのアウェーゲームを一-〇(前半一-〇)で落とし、連敗を喫してしまう。続く一八日日曜の広州でのホーム第二戦でタイに敗れれば、日本の二〇年ぶりの出場が自動的に決まる段階にまで来ていた。だが、中国は粘る。一-〇(前半一-〇)でタイを退け、背水の陣で日本戦に臨み、完勝した。

北京市内各地では五年に一度の党大会中であるにもかかわらず、いきなり花火が上がった。オリンピック初出場を祝う若者たちが、弾ける爆竹のあいだを自転車で走り回った。雨の東京・国立競技場では立ち去りがたい中国人留学生たちが、五星紅旗《ごせいこうき》をメインスタンドで振り続けた。

大学入試で転がり込んだ「優勝」

前年末に古河が切り開いたアジアクラブ選手権（現・ACLチャンピオンズリーグ）は、八七年春に三度目のJSL制覇を遂げた読売クラブによって更に認知度を上げるはずだった。ところがここでも広大なアジア大陸ならではの事態が出来《しゅったい》する。

予選五試合を四勝一敗で通過したあとのアル・ヒラール（サウジアラビア）との決勝ホーム＆アウェー二試合が、棄権（サウジアラビアの大学入試と日程が重なったため）による不戦勝だったのだ。これほど軽く白けた国際大会での優勝も珍しく、読売の選手自身が「準優勝」と勘違いしている報道を目にする有様だった。八一年二月に始まったトヨタカップが人気を集める中でのアジアンサッカーへの無関心。しかしここに至ってようやく「脱亜」も「入欧」も実現できない日本サッカー界には、プロ化によるボトムアップが必要という真っ当な方策が醸成され始めた。ソウル五輪予選での挫折がなければ、プロ化はなかったといわれる理由がそこにある。

代表カラー、青から赤へ……

石井監督の後任は、ソウル五輪予選で選手団団長を務めていた横山謙三（当時四五歳）だった。しかし九〇年イタリアW杯予選をたたかう上での代表監督選びに新味はなく、ここでもまた盛り上がりを欠いた。六八年メキシコ銅メダル組正GK横山の起用に漂ううっすらとした不満は、丸の内御三家による持ち回り人事への嫌気といってもよかった。サッカーセンスの良いノーブルな名選手だった二歳年下の同僚、MF落合弘もコーチとして入る〝お友だち内閣〟にいがらっぽいものを感じるコア・ファンが少なからずいた。しかも八二年のリーグ優勝を最後に二人の属する三菱重工は凋落しつつあった。大仁《だいに》邦彌《くにや》監督（のちJFA会長）時代の八八‐八九年シーズンでは一二位に終わり、初の二部降格を味わうことになる。

横山監督の時代は、一九七六年から八三年にかけての在任八シーズンでJSL優勝二回と準優勝二回。天皇杯では優勝二回と準優勝一回。カップ戦においても二度の優勝歴があり、一〇チーム時代ながらも旧財閥系の名門にふさわしい実績を残していた。その時期はまた産業界が二度の石油危機を乗り切り、ハイテク国家に変わりつつあった栄光の時代とも重なる。日本的経営を高く評価した『ジャパン・アズ・ナンバーワン』（社会学者エズラ・ヴォーゲル、広中和歌子・木本彰子訳、TBSブリタニカ、一九七九年）が話題を集めた時代である。海外名門クラブの胸ロゴにいつの間にやら日本企業の社名が付く時代になっていた。そんな金銭的余裕があるのなら、JSLのプロ化も可能なのではと考えるファンもぽつぽつと出始めていた。

一驚を喫したのは、横山が白 - 青基調の代表ユニフォームを、赤いゲームシャツに変えてしまったことである。それだけではなかった。胸の日の丸も廃止し、代わりに丸形の協会エンブレムが貼りついた。八咫烏《やたがらす》のエンブレムについては世界基準として歓迎されたが、シャツの赤に関してはどこにも観客意思が通じていない暴挙の一種にしか思えなかった。しかも監督、コーチの古巣である三菱重工と同じ色にしてしまう内集団バイアス（ひいき）を誰も批判しないのである。

代表のゲームシャツの色をそんなに簡単に変えてもいいのかと協会幹部に問いただすと、「代表監督の専権事項だから」というボレー顔面直撃的返答。「青春を返せ」といいたくなるのを必死で堪えた。

バブル経済の波に乗る企業戦略、CI（コーポレート・アイデンティティ）気分での伝統破壊行為だったのだろう。ＣＩブームの先駆けとなったのは、一九八四年に東洋工業の社名がマツダに変わったときだった。何かを変えたい一心だったことは理解できるにしても、肝心な代表監督選びを、重厚長大企業に属するメキシコシティ五輪銅メダル組の持ち回りにしてよいのかという思いもそのとき芽生えた。ライバル国の韓国はじめ、赤系ホームカラーのユニフォームがやたらと多いのがアジアの国々である。熟慮の上とはとても思えぬ決断は、素《す》っ頓狂《とんきょう》以外の何ものでもなかった。

得点力不足

横山監督時代の代表チームは数多くの試合をたたかっている。一九八八（昭和六三）年一月から一九八九年六月のイタリアＷ杯予選までの一八カ月間で、実に三三試合も消化している。四戦目以降の八八年五～六月のキリンカップでは、ジーコのいたフラメンゴに一‐三（前半〇‐二）、ソウル五輪本番を三カ月後に控える中国にも〇‐三（前半〇‐三）、レバークーゼンにも〇‐一（前半〇‐〇）と、まるで良いところがなかった。西ドイツ、トルコ（五輪代表）への現在ではあり得ない四週間で一二試合ものスパルタンな長期遠征も敢行している。帰国後はカレッツカ、マラドーナの移籍先であるナポリ、アルゼンチン五輪代表、ソ連五輪代表、韓国代表と夏から秋にかけてたたかい、一つも勝てない悪状況が続いた。名キャプテン加藤久の名はすでになく、CB《センターバック》井原正巳（筑波大）、MF柱谷《はしらたに》幸《こう》一《いち》の弟・哲二（日産）、GK松永成立《しげたつ》（同）らの名が新たに定着していく。

四カ月後の九〇年イタリアW杯予選に備える三週間もの第二次中東遠征もまたハードだった。イランでまず三試合をこなし、シリアの首都ダマスカスで最終第八戦をたたかっている。

北部最大の都市アレッポでの三試合は、八九年一月二七日の対アル・イテハド・アレッポ戦（一－一〈前半〇－〇〉）、同月三〇日の対スパルタク・ブリベーン戦（ブルガリア／二－〇〈前半一－〇〉）と続き、二月三日のシリア・ユース戦では、フル代表の日本が一－二（前半〇－二）で敗れてしまう。ロシアの協力を得た政府軍の攻撃によって市内のほぼすべての公園が墓地化した今、かの地を駆けた元代表メンバーは何を想うのだろう。

GKのレギュラーポジションを森下申一（ヤマハ）と松永成立が競い、FW長谷川健太（日産）が台頭し始めた。上下動が頻繁な人体実験を思わせたウイングバックには、俊足の森正明（フジタ）、佐々木雅尚《まさなお》（本田技研）らが試された。

そうして迎えたイタリアW杯アジア一次予選は、香港、インドネシアとのアウェー戦でスタートし、いずれもスコアレス・ドロー。八九年六月のホーム三試合では、難敵北朝鮮に二

‐一（前半〇‐〇）、インドネシアに五‐〇（前半四‐〇）、香港〇‐〇と期待を持たせたが、六月二五日日曜一七時キックオフのアウェー対北朝鮮戦（平壌・羊角島《ヤンガクト》競技場）であっけなく力尽きてしまう。結果は〇‐二（前半〇‐一）。もはや予定調和といってもよいほどの予選敗退だった。前回予選のときとは明らかに違う食事面での冷遇と酷暑も想定外だった。とりわけ三六分、キム・パンイルの先制ゴール時のチーム挙げての異様な歓びようは、ドーピングの可能性を疑いたくなるほどだった。トップ下に入った長谷川健太の決定的局面も忘れがたいが、敗退二週間後には南米アルゼンチン、ブラジルでの試合が待っていた。ボカ・ジュニアーズ、インデペンディエンテ、パルメイラスなどとのトータル七戦を二分け五敗の無勝利で終えて代表チームは帰国する。

　更にその一週間後には、シーズンオフ興行中のエバートン（名古屋・瑞穂公園陸上競技場）、アレックス・ファーガソンが率いていたマンチェスター・ユナイテッド（明治神宮野球場！）、ボカ・ジュニアーズ（沖縄・県営陸上競技場、横浜・三ツ沢公園球技場）との試合が待っていた。

　二〇一三年まで監督を続けたマンチェスター・ユナイテッドのファギーは、就任三シーズン目。自身によるFA杯初制覇前年の来日だった。当時はエバートンのほうがFA杯準優勝後で勢いがあり、ボカは長い低迷を脱したあとのリーグ二位の看板を引っ下げての来日だった。しかし課題の得点力不足と守備戦術は改善されることがない。一-三（前半一-〇）で敗れた対エバートン戦での水沼貴史（日産）の先制ゴールだけが文字通りの一矢。欧・南米名門クラブへの声援が日本代表への応援を上回ることもある、サッカー後進国的な光景が繰り広げられた。

日本代表監督への絶縁状

下村幸男監督時代の対ウーイペシュト・ドージャ（ハンガリー）戦（〇-〇／東京・国立競技場）で始まった一九八〇年代の代表戦は、八月一三日日曜夜のボカ・ジュニアーズ戦（〇-一〈前半〇-〇〉／三ツ沢）で終わる。ところが摩訶不思議なことに、それから先、八九年夏から九〇年春にかけての国際Aマッチはただの一つもなかった。だとしたら長期遠征の連続は一体何だったのか。「平成」元年でもあったその一九八九年夏以降のブランクを、平気で一年近くもつくってしまう奇怪なマッチメークの果てに燃え出したのが、ファンによる横山監督退陣要求なのだった。

代表チームは、九〇年七月下旬のダイナスティカップ（北京）と同年九月から一〇月にかけてのアジア競技大会（北京）での各三試合ずつで、バングラデシュ以外の韓国、中国、北朝鮮、サウジアラビア、イランから一ゴールも奪えずに敗れ去る。未曾有の大停滞に対する弁解の余地は、もはやどこにも無かった。

前年一九八九年一一月には東ドイツがベルリンの壁の通行を自由化する。東西冷戦の象徴でもあった壁が崩壊するのはその翌日のことだ。同年六月四日日曜には、中国北京で民主化運動による六四天安門事件が勃発し、武力弾圧によって一〇〇〇人以上とも三〇〇〇人ともいわれる学生、一般市民の死傷者を出している。

史上初の「代表監督退陣要求嘆願書」が、一般ファンと日本サッカー後援会会員による約一〇〇〇人の署名とともにＪＦＡに提出されたのは、一九九一（平成三）年一月二三日水曜の午後。寒風吹き荒ぶよく晴れた日の出来事だった。「不振サッカー日本代表に怒り」（朝日新聞）、「日本サッカーに愛想つきた」（日本経済新聞）と新聞各紙が書き立てるのも当然のことだった。じっさい、（私を含めた）少なくない数のメディア関係者が署名に応じていたのである。同月一七日には多国籍軍によるイラク空爆（湾岸戦争）が始まり、初の「戦争中継」に誰もがテレビの前に釘づけになった。そんな激動する時代情況が、日本のサッカー・ファンの異議申し立てをうながしたと言えなくもない。

第一一節　三浦知良という光源

熱き純情が健在だった時代

八〇年代サッカーの「エピソード定番」をいくつか持っている。第二章でも少し触れたが、まっ先に挙げられるのが、現地一一万五〇〇〇人観衆の一人として目撃できたメキシコシティ、エスタディオ・アステカでのマラドーナだ。一九八六（昭和六一）年メキシコW杯の準々決勝、アルゼンチン対イングランド戦（二-一〈前半〇-〇〉）後半開始五分後のいわずと知れた「神の手ゴール」と、その四分後の「五人抜き」である。

ヘンリー・ウィンターの著書『夢と失望のスリー・ライオンズ　イングランド救済探究の時間旅行』（山中忍訳、ソル・メディア、二〇一六年）を読むと、ジョン・バーンズ、ピーター・リード、ガリー・リネカーら〝被害者側〟の心情が浮き彫りにされていて面白い。

日本にもマラドーナとの対敵《マッチアップ》歴を持つDFが、加藤久をはじめとして何人かいる。狐につままれたような切れ味の鋭さに、敵ながらあっぱれどころか崇敬の念を抱くにまで至るという点では、二度かわされたＣＢのテリー・ブッチャー、ＧＫピーター・シルトン以外のイングランド代表諸氏の感想とよく似ていた。

衝撃のこの追加点が惑乱を生じさせた。ＮＨＫテレビの実況アナウンサー山本浩もまた虚を衝《つ》かれた者の一人だ。咄嗟の判断による「マラドーナ……マラドーナ……マラドーナ！来たあっ〜！　マラドーナァ!!」が予期せぬ迫真性をもたらし、評判を呼んだ。結果オーライの典型例である。

頭ではなく手で決めた問題の先制点「神の手ゴール」に関しては、不可知論的な赦《ゆる》しが優勢のようだ。しかし、偽の先制点に対するマラドーナの悔恨の欠落と、審判団の力不足は今なお議論の的だ。二〇〇五年八月にマラドーナは「早く来て自分を抱きしめないと、審判が得点を認めないぞ」と同僚に呼びかけたことを、自国アルゼンチンのテレビ番組で告白している。不正によるファーストゴールはイングランドの動揺を招き、二点目（「五人抜き」）の伏線になった。

この八六年メキシコＷ杯と九〇年イタリアＷ杯では、後藤健生（当時、日本サッカー狂会常任幹事）が切り盛りするツアーの世話になった。狂会がハードカバーのＡ４豪華本『FIFA World Cup-Mexico'86 公式記録書』の購入手配までやってくれていたのだから、本家のＪ

ＦＡやマスメディアの上をいく集まりだったことになる。

平壌・金日成スタジアムの李《イ》済《チェ》朝《チョ》場長に「三年前（一九八二年）の大改造で収容者数一〇万人」といわれて鼻白んだことも記憶の一齣だ。そんなはずはない、どう見ても五万人規模でしかないとつぶやきながら観客席最上層通路を歩いて、ますます水増しの疑いを強めた。

重要なＷ杯メキシコ大会予選なのに、北朝鮮対日本戦での撮影者はごくわずか。北朝鮮側ゴールポストの脇で日本代表の得点を待つ私以外には、中国新華社のカメラマンしかいなかった。上から覗き込む時代遅れな二眼レフカメラと、出たばかりの連射機能付きミノルタα７０００との対比に日中双方が目を白黒させた。

独裁国家ならではの背筋が寒くなる衝撃的体験を不意に思い出して悪寒が走るのは、向こう見ずな若さを失ってからのことだ。疑似従軍記者体験による軽微なＰＴＳＤ（心的外傷後ストレス障害）だったのかもしれない。

忘却するには惜しいエピソードとして近頃よく思い出すのは、ＮＨＫの渡邉治美ディレクターのことだ。彼が担当していたのは「ＦＭホットライン」という若者向けトーク番組。渋谷陽一がキャスターを務める日曜夜一〇時からの全国放送だった。よろずカルチャー・コーナーをほぼ人選決定権付きで持っていた私は、古河電工監督の清雲栄純、奥寺康彦、岡田武史キャプテンの三人をスタジオに呼んで話を聞くことにした。アジア・クラブ選手権初制覇後の報道不足への渇望を満たすひとときとして、評判は良かった。

バブル景気の始まりと重なるその一九八七年の年明けから数年も経たぬうちに訪れるのが、二度目のサッカーブームだった。「Jリーグ・バブル」とも後世いわれる社会現象に渡邉は焦った。連続テレビ人形劇「ひょっこりひょうたん島」の演出などを経て氏は九六年に六〇歳定年を迎えたが、あり得ぬ事態の発生によほど驚いたのだろう。二〇〇二年の五月頃、こんな手紙が舞い込んだ。

「…〈サッカーのことを放送してくれる。その上、おカネまでもらえることに感激しています〉と「FMホットライン」出演の清雲さん、奥寺さん、岡田さんたちが云って下さったことを思い出します。あの頃と今とでは比較になりませんね。サッカーの今日あることにほんの少しでも関わりを持てた忘れられない六〇二スタジオでの収録でした」

何度も聞かされたのが、「あのときの出演料が気になってねえ、とくに岡田さんが三人のうちでいちばん安くて本当に申し訳ないことをした」というしなくてもよい後悔。規約上の差を三者につけざるを得ず、四桁でしかなかった些額がその後も気になって仕方がないのだという。熱き純情がサッカー界に溢れていた時代を思い出させる逸話の一つだ。

奥寺康彦のラストゲーム

マイナー状態からの脱却を願い、紙や電波の発信源を持つメディア人がそれぞれのやり方で心を砕いた。これは今も続く良き伝統の一つだろう。草サッカーをやりながらの密かな裏ネットワークが存在した。サッカーがこの国に生きる者たちのルーリング・パッション（支配的感情／最大関心事）になるのを夢見ていた。

写真集『注文のおおい写真館』（坂田栄一郎撮影、糸井重里命名）の被写体に奥寺康彦と明石家さんまを推《お》したのは、八〇年代半ばのことだった。八五年一二月の刊行に合わせた写真展も西武百貨店渋谷店で開かれた。そこでのポートレート三七名、七五作品中には、奥寺、さんま以外にも、美空ひばり、安藤忠雄、忌野清志郎、坂本龍一、北野たけし、林真理子、更には村上春樹までもが同列の扱いで勢揃いしている。

奥寺に対する写真家の注文は、裸のバストアップ・ショットと左脚を写しとめることで、文字通り一肌脱いでくれるかたちとなった。改めて振り返れば、釜本邦茂もまた八四年春のＪＳＬ二〇周年記念事業「格闘技宣言。」で、一肌どころかもろ肌脱いでの協力を惜しまなかった。三〇代の記念碑でもあるこの三年半をかけての大プロジェクトは評判を集め、坂田は週刊誌「ＡＥＲＡ」（朝日新聞社〈現・朝日新聞出版〉）の表紙写真を八八年五月の創刊から二〇一六年三月まで撮り続けることになる。

奥寺康彦に「週刊文春」の語りおろし連載「行くカネ 来るカネ　私の体を通り過ぎたおカネ」に出てもらったことも忘れがたい。担当したのは「スポーツ・グラフィック ナンバー」初のサッカー特集（釜本引退号）を手がけた編集者・今村淳《いまむらあつし》で、インタビュー現場に横浜ホテルニューグランドのマッカーサーズスイートを予約する心配りを示した。

企業アマ時代のサッカー界の移籍事情をそのときの奥寺が伝えている。

…いい選手が請われてトレードされるんだったら、クラブも相手からおカネをたくさん取れるんですよ。ただ僕はまだ時間がかかると思います。選手だけじゃなくてチームもプロにならないと、そういうおカネのやりとりは出来ないと思うんです。やっぱりまだ甘いところがあると思う。もっともっとおカネが絡んだほうがお互いに厳しくなると思うのね。何となくおカネが絡むと汚い感じがするというけど、決してそうではないと思うんですよ。西ドイツではアマチュア・チームの選手もちゃんとおカネをもらいます。

物事に対する真剣さの度合いがやっぱり違ってくると思うんです。

（「週刊文春」一九八八年四月一四日号より）

古河（七〇 - 七七年）、1FCケルン（七七 - 八〇年）、ヘルタ・ベルリン（八〇 - 八一年）、ヴェルダー・ブレーメン（八一 - 八六年）、古河（八六 - 八八年）で選手生活を送った奥寺のリーグ最終試合は、八七／八八年シーズンの五月二二日日曜、対日本鋼管戦（二 - 一〈前半一 - 一〉）。ヤマハが無敗で優勝した最終第二二節で古河は有終の美を飾れず、七位に終わる。九〇分間走れる余力を残しての引退だったにもかかわらず、メディアの扱いは冷淡だった。わずか一年で「ライセンス・プレーヤー」（プロ契約選手）が七二人に急増した中での地味過ぎるラストが残念に思えた。

嗚咽する男のいた記者会見

いくつかすでに挙げたが、わが八〇年代記憶チャートの一位は何と言っても、ソウル五輪行きを逃した直後の葬儀場、否、国立競技場での出来事だ。記者会見場で見せつけられた情念のほとばしりに、私はうろたえた。以下は拙著からの抜粋である。

石井監督が「もうひと押しで（ソウル五輪に）行けたんだけど」と言い終えたときだった。通路にしゃがみこんでいた男がいきなりむせび泣きを始めた。愛した人の出棺の際にも、こんなに劇的な嗚咽を上げられるものではない。そう思えるほどの情念のほとばしりだった。

詰めかけた記者たちが嗚咽のもれる最前列右端に視線を投げる。しかし監督は気づかない。

「これでこのチームは一応終わるだけで」と続けたとき、今度は2度仔犬が吠えるような慟哭。それでも監督は気づくそぶりを見せない。

試合終了間際、石井は15人ほどのカメラマンに囲まれた。視野がさえぎられても手で彼らを払うポーズすらとらなかった。ベンチの中の虚ろな古木のようだった。

68年の銅メダル以来、サッカー界はオリンピックとワールドカップの予選を5度ずつたたかい、世界の表舞台への道をすべて阻まれてきた。無念の思いが降り積もっている。だが、この男の挙動は常軌を逸している。5度連続オリンピック出場に失敗した直後ではあっても、涙はソウル大会予選の1回分だけにして欲しい。

協会の進行係が『じゃ、すいません、チームが待っていますので、ここまでで…』と手短かに締めくくる。

沈鬱の極に達したたためだろうか。「20年ぶりのオリンピック出場か⁉」とさんざん騒ぎ立てた記者たちから気の抜けたような拍手が送られた。

葬儀終了。

それにしてもあの革ジャン&ジーンズの男はいったい何者だったのか。年格好は30代前半で小柄。慌てて追いかけようとしたが、すでに雨の国立競技場から姿を消してしまっていた。

（『闘技場の人』所載「ピンボール・フリッパーズ'87」より）

今も昔も負け試合のレポートは好まれない。新聞、雑誌の部数に貢献してくれないのだ。単純絶対なその哀しい法則にひれ伏し続けたのが、サッカー界の八〇年代なのだった。小さな評判をとった自分自身の短編ノンフィクション作品からして、東映フライヤーズに関するノスタルジアものや、松尾雄治監督兼選手が率いた新日鐵釜石のＶ７に関する試合というふうに、サッカー以外の種目に限られた。ラグビー人気が凄まじい熱量を醸し出す一方で、サッカーに関しては、書ける媒体があるだけで満足というナイーブな状態が続いていく。先行事例となるサッカー関連作品の堆積が見えにくい中での暗中模索は、迷い込んだけもの道のようだった。

しかし、時代は手間とおカネを掛けるノンフィクションの時代に入っていた。沢木耕太郎や猪瀬直樹を旗頭に、新たな才能が次々に一家を成していく。文学的ジャーナリズムともいえるノンフィクションが、全共闘世代の世代芸になっていた。

七〇年代とはひと味違う斬新な言説空間も生まれていた。ロラン・バルト『神話作用』（篠沢秀夫訳、現代思潮社、一九六七年）における「レッスルする世界」を援用した村松友視《ともみ》『私、プロレスの味方です　金曜午後八時の論理』（情報センター出版局、一九八〇年）や、玉村豊男《たまむらとよお》『玉村豊男のスポーツ百面相』（ダイヤモンド社、一九八六年）に象徴的なように、スポーツライティングは運動部記者の独壇場ではなくなっていた。ヨーロッパ通のエッセイスト玉村豊男はその著作で、いち早く秀逸なフーリガン／ヴァンダリズム論（ヴァンダル人のやり方＝若者たちの意味もないブチ壊し活動）をものしている。時代の感性と文学表現との相関性を、思想史的方法で浮き彫りにしたピエール・シャールトンの労作『フランス文学とスポーツ　1870－1970』（三好郁朗訳、法政大学出版局、一九八九年）からも私は影響を受けた。

日本流ダービー・マッチの草分けともいえる、ヤマハ発動機対本田技研戦をレポートしたのは八五／八六年シーズンの年明け。自動車批評誌「ＮＡＶＩ」（二玄社）の鈴木正文《まさふみ》編集長に頼んでのことだった。「天竜川決戦」の異名を取る初期のダービーは「ＹＨ戦争」ともいわれた。

少年たちのヒーローだった一九六八年メキシコ銅メダル組の杉山〝黄金の左足〟隆一（当時四四歳）、宮本〝エイトマン〟征勝《まさかつ》（同四七歳）両監督の歓迎的対応も忘れられない一齣だ。

ヤマハ東山グラウンド（現・ヤマハスタジアム）でのＪＳＬ第一四節はスコアレスドローにもかかわらず、随所に熱いシーンがあった。ライバル意識の発生は、一部昇格一年目の本田（六位）とヤマハ（一〇位降格）が二部落ちを懸けてたたかった八一年以来と聞いた。両大企業の創業者、本田宗一郎と川上源一《かわかみげんいち》が、六〇年代後半から口を利いていないという噂もライバル心に拍車を掛けた。

「前期のホームゲームじゃ、ヤマハの選手が、四人掛かりでケガしたうちの選手をポンとタッチの外に出しやがった。あれじゃあまるで粗大ゴミだよ」

そう愉快げに語ったのは宮本監督だった。ヤマハの選手にサインをねだる息子を本田側の親が叱りつけるシーンも目撃できた。

三浦知良という光源

陰翳の中にも光源はあった。奥寺、和司のあとの希望はひまわりの向日性を感じさせるカズ（三浦知良《かずよし》）の登場だった。日本デビューは、ブラジルからの凱旋帰国といわれた一九八六（昭和六一）年五月一六日金曜夜のキリンカップ、対日本代表戦だった。京都・西京極での試合翌日に宿泊先の阪急ホテルでインタビューと撮影をした。お膳立ては「就職情報」（リクルート）を編集していた雑誌社時代の後輩がしてくれた。カズは希望の星。自分たちを代表して会ってきてというわけなのである。

サントスからパルメイラスに緊急移籍してからの〝来日〟に一九歳のカズは戸惑いを感じたのだろう。一－二（前半〇－一）で日本代表が負けながらも、「何が凄いんだか分からない」と問わず語りに豪語したのはマッチアップした松木安太郎だった。もっとも、カズの出場は後半二三分からのわずか二二分間でしかなかった。カズの成功で活発化するブラジル・サッカー留学がまだ推定で一〇人といわれた頃の話である。

一九九〇年四月一一日水曜の午後は、なんとも不思議な感覚にとらわれる時間帯だった。私は秩父宮ラグビー場に「ワールドカップ予選」を観に出かけていた。キックオフは二時四五分。ワールドカップといっても勝手が違った。それはラグビー・ユニオンによる二回目のラグビーワールドカップ（一九九一年）にまつわる試合だった。共催国のオーストラリアとニュージーランドの呼びかけで八七年に実現した一六枠による第一回は、予選なしの招待大会。アマチュアリズム厳守派だったスコットランドとアイルランドが反対を表明したが故のことだった。タイトル（冠）スポンサーに日本のＫＤＤ（国際電信電話株式会社／のちのＫＤＤＩ）が付いたことも、アマチュアリズム信奉の日本ラグビー協会関係者を困惑させた。

四年後の第二回大会からは、ホスト国（地域）がイングランド、フランス、ウェールズ、スコットランド、アイルランドとなる本格的な大会に様変わり。日本は、アジア・太平洋地区（日本、韓国、西サモア、トンガ）の二戦目で、アジア王者の韓国を二六‐一〇（前半六‐一〇）で下し、トンガ戦（二八‐一六〈前半一八‐七〉）に続く勝利を収める。宿澤ジャパン（主将・平尾誠二）による正真正銘の予選突破だった。

後発の大会呼称とはいえ、「ワールドカップ」出場権獲得の瞬間には違いなかった。名状しがたい感情に襲われた私は、近くにいた岡野俊一郎ＪＦＡ副会長の表情をうかがう。

無表情と渋面のあいだ――。それが正直なところだろう。歓びが爆発するわけでもないのだ。似たような表情を私も泛《う》かべていたはずだ。先を越されたことでのジェラシーというよりは、拍子抜け。あるいはまた、サッカー仕様の改造を無礼にも迫った六四年東京五輪当時の借りを、プリンス・チチブ・メモリアル・ラグビー・グラウンドで取り立てられたとでも言うべきか……。

代表監督に絶縁状を突きつけた一・二三決起のホロ苦さ

この時代のスクラップファイルをあたると、「横山日本代表監督、退陣要求嘆願書」（発起人・萩本良博、当時二二歳）の現物と「朝日ジャーナル」一九九一（平成三）年二月一五日号に寄稿したコラムとがセットで収められていた。

嘆願書には、辞任要請の理由が〝罪状〟さながらに五つ挙げられている。

① 就任当初、一年で韓国に追い付くと公言しながら、一向に差が縮まっていないこと
② イタリア・ワールドカップ予選において、第一ラウンドで日本を敗退させたこと
③ ダイナスティカップ、アジア大会でメダルを取るとの公約に反し、敗退させたこと
④ 攻撃サッカーを提唱しながら、零敗の連続であること
⑤ 選手の選考、戦術が我々の理解の限度を越えたものであること

いつしか日本人は水を買って飲むようになっていた。そんな豊かさの中での二〇年を超える長期低迷なのである。海外渡航の常態化が、人心の脱出装置となっていた。本場を知るサッカー通が増えていた。

私自身も奥寺見たさにブレーメンのホームゲーム観戦に出かけたことがある。その際のハーフタイムの光景が忘れがたい。ＪＳＬ文化とも言える、控えメンバーたちによる笑顔の輪を作っての〝蹴鞠〟ごっこなど誰もしていないのだ。ミドルシュートをひたすら打ち込む姿があるだけだった。

バブル崩壊前夜ともいえる頃、イタリアＷ杯の紀行文「イタリア・サッカー・快楽紀行」を「スポーツ・グラフィック ナンバー」誌に寄稿した。解放・快楽系の最たるものである欧州・南米サッカーへの憧憬と羨望がこの頃、頂点に達していた。アメリカ文化一辺倒からのラテン化現象と称されたように、サッカーのみならずカフェやワインのブームもまた本格化しつつあった。海外暮らしを本気で考え、実行する人たちも男女を問わず少なくなかった。そんな同時代特有の気分が背景にあれば、歯がゆい日本サッカーの現実との対比が避けがたくなる。

九〇年当時を知らぬ人たちには、ただの悪い冗談と思われるかもしれない。しかしローマ、スタディオ・オリンピコでの決勝戦を中継中のＮＨＫの実況アナウンサーが、本当にこう聞いたのだ。

「王（貞治）さん、野球のスライディングとサッカーのスライディングの違いは?・」

東京12チャンネルが初めて決勝戦をミュンヘンから宇宙中継をして快挙といわれたのは、七四年七月七日日曜のこと。それからまだ一六年と考えるか、或いはそれをもう一六年と考えるか。——そんな問いを投げかけて、私の紀行文は終わっている。試合は西ドイツがアルゼンチンを一‐〇（前半〇‐〇）で下し、三度目の優勝を飾った。

中学入学前の野球少年・釜本邦茂に、京都太秦小の恩師が「サッカーがうまくなれば、五輪に出て、世界を回れる。野球は日本とアメリカくらいだろう」と入部を口説いた釜本伝説の第一章からして怪しくなってきた。国民の多くが誰の見送りもなく世界を回れる時代になってしまったからだ。

発展プロセスにおいて重要なのは、悪しき潮流となる兆候を見つけることだ。努力の空転による大漂流に、素人の域を脱した観客の怒りが張り裂けるのは必然だった。岩盤的で眠くなるような企業エリート主導のサッカーは消費され尽くしていた。

嘆願書の束を岸記念体育会館の会議室で不機嫌に受け取った村田忠男が、色をなして言い放つ。

「あなた方の中で、署名した人はいませんね！」

紳士然とした人物の突然の剣幕に、押し掛けた者皆が縮み上がった。折からの強風で何枚かが飛散したという情報を入れて、署名をした自分の分であることを祈る者がいた。

前代未聞の叛乱儀式は取りつく島もなく終わった。気を取り直して、狭く貧しいＪＦＡの一室に「僕もサインしています」と告げに行っても村田の姿はない。ことのついでに事務局長の突然の更迭理由も問いただしたかったのだが。


横山監督の謎の赤いユニフォームに身を包んだカズやラモスを観に、ジョン・カビラとともに長崎に赴いたのは九一年七月二七日のこと。ホテルの予約をしてくれたのは、同県がルーツの田嶋幸三だった。雲仙普賢岳《うんぜんふげんだけ》火砕流災害（一九九一年六月三日）の復興支援を兼ねての日韓定期戦が組まれていた。サッカー評論の第一人者となる「ストライカー」編集部時代の西部謙司《にしべけんじ》に初めて会ったのもこのときだ。

代表チームは物怖じしないＭＦラモス、北澤豪を軸に善戦したが、〇-一（前半〇-〇）で敗れてしまう。四年近く続いた村田ＪＦＡ専務理事‐横山監督ラインによる三菱色の強い時代がついに終焉を迎えた。そしてまたＪＦＡは、オランダ人代表監督ハンス・オフトがキリンカップ、対アルゼンチン戦での初采配（〇‐一〈前半〇‐〇〉）を振るうまでに、再び一〇カ月もの空白期間をつくってしまう。当時の代表スタッフや協会幹部に欠けていたのは、一人の彼でしかない第三項としての純粋観客体験だった。チケットを買わずに済む、競技エリート出自の彼らが社会性を欠くのは当然の帰結と言えた。

第六章——ドーハの悲劇とジョホールバルの歓喜

一九九二年－一九九七年

第一二節　悲願成就はバブルとともに

赤い代表ユニフォーム時代の終焉と蠢動

ＭＦ水沼貴史のホーム北朝鮮戦での活躍はあったものの、代表チームは九〇年イタリアＷ杯をアジア第一次予選で終えてしまった。クラマーの名言「タイムアップの笛は次の試合へのキックオフの笛」も、今ではお調子者の言い訳にしか聞こえてこない。そのクラマー自身も、大宇《テウ》財閥・金宇中《キムウジュン》会長が主導する韓国協会の誘いに乗らざるを得ない情況にあった。妻の起こした交通事故の賠償金問題が生じていたからだ。

韓国協会はクラマーの招聘に以前から意欲的だった。八六年メキシコＷ杯の指揮を月額六〇〇〇ドルで要請する話まであったという。「スーパーリーグ」の名称で不完全ながらも、一九八三年にプロ化した大韓民国ならではの細かな数字である。しかし後れを取る日本では、大恩人・クラマーの去就が関心事にすらならなかった。また仮に伝えられたとしても、ライバル国への寝返りぐらいにしか思われなかったはずだ。戦後社会特有の終身雇用幻想と帰属意識は依然として強固で、個人事業主が主体の契約・対決社会はプロ野球にしかなかった。

その後、赤い日本代表ユニフォームの躍動する大会が一つだけあった。一九七八年春にジャパンカップの名称で始まった三～六チームの代表、クラブを集めての国際親善大会キリンカップで、日本代表はタイ、バスコ・ダ・ガマ（ブラジル）に連勝し、最終戦の対トッテナム・ホットスパー（イングランド）戦に臨む。一九九一年六月九日日曜のことだった。三週間後の七月一日に新プロリーグの名称発表があることは、すでに選手、ファン、メディアのあいだで共有されていた。明らかにそれまでとは違う風が吹き始めていた。北澤豪、カズ、ラモス瑠偉ら読売勢を攻撃陣に加えた代表チームは、国立競技場でイングランド代表FWガリー・リネカーのいるスパーズを四‐〇（前半三‐〇）で下す。二度の中断をはさむ一二回目にしての初優勝に、四万五〇〇〇観衆が沸いた。ピッチレベルから舞い上がる揚力のようなものを半信半疑ながらも感じられる幸せな時間だった。

だが、それでもなお辛航は続く。

一九六八年メキシコシティ五輪に始まる日本サッカーの「青銅時代」は、本来なら九二年バルセロナ大会よりも前に終止符を打つべきだった。オリンピックでのサッカー競技が、バルセロナ五輪から二三歳以下の大会として、更にもう一段格落ちすることが決まってしまったからだ。

開催年の九二年一月に始まったバルセロナ五輪最終予選（クアラルンプール）の五試合でも、相似的な反復が待っていた。初戦の中国戦をまず一‐二（前半一‐二）で落とし、続くクウェート戦では一‐一（前半〇‐〇）。三浦文丈《ふみたけ》（筑波大）のハットトリックで、バーレーンに六‐一（前半三‐〇）で勝利していったん盛り返すが、韓国には〇‐一（前半〇‐〇）、カタールにも〇‐一（前半〇‐〇）という結果だった。

出場権を得たのはカタール、韓国、クウェートの三カ国で、枠外四位以下は中国、日本、バーレーンの順だった。わずかな救いは、ゴーラーに原田武男（早稲田大）、小村徳男《おむらのりお》（順天堂大）、名良橋晃《ならはしあきら》（フジタ）、永井秀樹（国士舘大）らの有望株を見いだせたことくらいだった。バルセロナ五輪予選には、相馬《そうま》直樹（早稲田大）、澤登正朗《さわのぼりまさあき》（東海大）、名波浩《ななみひろし》（順天堂大）らも選出されており、次世代が場数を踏むという点では意義のある予選だったが、ここでも悪循環を断ち切れない。

過去依存による不可解な監督人事も行なわれていた。スッポンの異名をとったメキシコ五輪銅メダル組の名ＤＦ山口芳忠《よしただ》（日立）は、若手育成に定評があった。しかし最終予選に入ってからは、フル代表の監督を務める横山が総監督に就いた。山口コーチ&横山監督ではなく、山口監督に横山総監督兼技術委員長という、長幼の序に根ざすご都合主義がまかり通っていた。

とはいっても、長期凋落からの脱却をJSL事務局とJFAが怠っていたわけではない。日本プロサッカーリーグ（略称Jリーグ）の創設と、二〇〇二年ワールドカップ招致という新規蒔き直し《ニューディール》の二大事業が、長沼、岡野というビッグネームではない者たちによって動き出していた。

ヴェルディ川崎対横浜マリノス戦でJリーグ開幕

全国民的記憶と言ってもよいJリーグのスタートに関しては、定番ともいえる映像とエピソードが反復されてきた。その実質的スタートは昭和末の一九八八（昭和六三）年三月とされる。

ワールドカップ招致に関しては、平成に入った一九八九年一一月にFIFAに開催意思を伝えている。ただ、背景にあった当時の社会的状況についてはあまり触れられることがない。バブル崩壊が社会現象化したのは一九九一年からではなく九三年といわれるが、津波のような時間差が業種ごとにあった。サッカー界への押し寄せもすぐにではなく、メディア業界に関してはむしろ悠長なくらいだった。船出の帆を張らせてくれた良風は、「衣食足りて礼節を知る」を地で行くメセナティズモの精神だった。バブル経済の後押しが、企業によるメセナ（文化・芸術支援）の動きを促していた。今日では当たり前のＪクラブの地域呼称も、企業自らによる「陰徳あれば必ず陽報あり」の気構えがあってのことだった。

（ＪＳＬの消滅でもある）Ｊリーグの「革新性」を謳《うた》う上で、企業名外しのインパクトは絶大だった。一九九三年五月のＪリーグ開幕までは、前述したようにプロ球団が地域名を名乗る過程を描いた赤瀬川隼の小説『球は転々宇宙間』を〈ファンタジー野球小説〉と銘打つくらいで、世界的常識ともいえる企業名外しは夢物語に近かった。プロ化の先駆であったはずの渡邉恒雄《わたなべつねお》の統《す》べる読売グループの保守反動ぶりもまた、地域名外しの流れに拍車をかけた。ナベツネの反動的孤立が、結果として物言うサッカー大衆の発生に一役買ったのだから皮肉である。

一九九三年五月一五日土曜のナイトゲーム、ヴェルディ川崎対横浜マリノス戦（ＮＨＫ総合）は、最早、読売クラブ対日産自動車戦ではなかった。三〇パーセント強の視聴率を記録したことでも分かるように、Ｊリーグの幕開きは熱狂を持って迎えられた。しかし、開催方式については、総論賛成ながらも各論には大疑問符。それが少数派に成り下がったコア・ファンの偽らざる心境だった。延長Vゴール制＋PK方式に、春‐秋分割二ステージ制という普及啓蒙策に異を唱えること自体が許されない空気になっていた。

一〇のクラブでスタートしたJリーグの前期Vは、四〇歳のジーコが牽引する鹿島アントラーズ。年間優勝は、後期を制しチャンピオンシップ二戦を一勝一分けで終えたヴェルディ川崎だった。サントリーの冠が付いた翌年一月、国立競技場でのチャンピオンシップには、二試合で一〇万六五六三人が集まった。有料入場者数を下一桁まできっちり発表することが、水増しの横行したJSL時代との違いを際立たせた。翌九四年シーズンでも、年間優勝はヴェルディ川崎だった。ヴェルディは、事実上破格のV4を成し遂げたことになるが、連覇でしか顧みられることがない。

流血、茶髪、年俸の急増

〃御一新〃に高揚したのは観客だけではなかった。ヘディングの競り合いによる流血シーンの激増が記憶に新しい。選手の疲弊も出血サービスも厭わぬ、お試し期間ならではの空気が充満していた。流血と茶髪と報酬額の高騰。免許を持たない新人選手がポルシェを買い、取材現場では「好きな食べ物は何ですか？」程度の質問のあとに、現金謝礼を受け取る革命直後ならではの馬鹿げた光景が見られた。

この間、ＪＦＡはハンス・オフトを初の外国人代表監督として迎え入れた。八〇年代のＪＳＬマツダ（旧東洋工業）をコーチ、監督として押し上げたオフトは適材だった。

Ｊリーグの始まる前年、一九九二（平成四）年八月のダイナスティカップで青－白基調のゲームシャツに戻した日本は、まず韓国と〇－〇で分け、中国（二－〇〈前半一－〇〉）、北朝鮮（四－一〈前半二－一〉）に連勝。東アジアの覇者を決める決勝で再び韓国と当たり、二－二（前半〇－二）延長戦後のＰＫ戦を四－二で制し、戦後の公式大会での初優勝を飾る。

一〇月に始まるアジアカップ一九九二広島でも、ＵＡＥ（〇－〇）、北朝鮮（一－一〈前半〇－一〉）、イラン（一－〇〈前半〇－〇〉）、準決勝・中国（三－二〈前半〇－一〉）、決勝・サウジアラビア（一－〇〈前半一－〇〉）とたたかい三勝二分けの好成績を残す。本人は「オフト・ロジック」のほうが好みだったにもかかわらず、「オフト・マジック」という流行語が生まれた。とくに決勝は点差以上の完勝で、九四年アメリカW杯予選でのマークがきつくなること必至なのとは裏腹、Ｊリーグ開幕のお膳立てが整う好循環の発生にファンは酔いしれた。

一九九三年四月に始まるアメリカW杯の一次予選は、九〇年イタリア大会に初出場したＵＡＥが強敵だった。だが、代表チームは東京、アルアインの試合を一勝一分けで首位通過し、

Jリーグの開幕に花を添える。

ドーハの悲劇

一次予選突破後は、一〇月四日にアジア・アフリカ選手権（アフロ-アジアンカップ・オブ・ネーションズ）を国立競技場でたたかっている。日本有利の一発勝負でチャンピオンが決まる大会（八回で消滅）だが、そこでも代表チームはコートジボワールに一-〇（前後半〇-〇、延長前半〇-〇）で勝利している。ゴーラーはまたしてもカズだった。GK松永成立、DF堀池《ほりいけ》巧《たくみ》、柱谷哲二、井原正巳、MF森保一《もりやすはじめ》、吉田光範、ラモス瑠偉、FW三浦知良――ら先発メンバーは同年一〇月一五日からカタール・ドーハで始まる、アメリカW杯アジア最終予選の出場選手でもあった。当時アジアに許された出場枠は、「二」しかなかった。

一九九三（平成五）年一〇月二八日木曜夜（日本時間二九日未明）、集中開催方式の最終イラク戦（アル・アハリ・スタジアム）で〝ドーハの悲劇〟は起きている。二週間で五試合、つまりは中二日、中二日、中三日、中二日という強行スケジュールの幕切れで事は起きた。代表チームは、サウジアラビア（〇-〇）、イラン一-二（前半〇-一）、北朝鮮三-〇（前半一-〇）、韓国一-〇（前半〇-〇）、イラク二-二（前半一-〇）と五戦し、三勝一分け一敗でサウジアラビア、韓国の後塵を拝した。

たどり直すことで見えてくる心理面での分岐点は、ラモスのボランチ起用と二試合連続の3トップ（長谷川、中山、カズ）が奏功した韓国戦にある。首位に立てた束の間の歓びで一挙に感情が流れてしまった点と、のちに知ることになる最終第五戦、対イラク戦ハーフタイムでの制御不能な混乱状態の二つを挙げるべきだろう。

伏線は、重圧にさらされながらのイラク戦前半にあった。開始五分にいきなりカズの先制ゴールが決まるが、この試合では、3トップによる中盤の薄さが裏目に出た。ロングボールからのこぼれ球を拾われてのドリブルがボディブローとなって、チームは混乱する。着替えもせずにメンバー同士が要求ばかりし合うハーフタイムの騒乱で、オフトが「黙れ！」と叫んでも、我に返れた選手は主将の柱谷哲二以外に誰がいたのか。

オフトが黒板に書き込んだ「45」と「GO TO USA」を見てピッチに向かった代表チームは、後半もテクニックのあるイラクの猛攻にさらされる。五五分、最終ラインの裏をとられ、FWアーメド・ラディに押し込まれて初失点。六九分にフリーのポジションにいたラモスのスルーパスを中山が決めるが、駆けつけて共に喜び合う余力すら失っていた。疲弊した中山に代わって八一分に入った武田は、八九分に無人の中央にクロスを上げてしまう。武田は韓国戦の八四分にも襟を立てながら交代出場し、キープの場面で簡単にシュートを打ってしまっていた。そしてロスタイムのコーナキックであの真空状態が訪れた。

ファルカンから加茂へ、激動の九〇年代中盤

プロの初代外国人監督として騒がれたオフトの時代は終わり、自国民代表監督を推す声も聞かれぬ中、一九九四（平成六）年春に、ブラジルからパウロ・ロベルト・ファルカンが招かれた。ブラジル・サッカーへの憧憬が今よりも強い時代である。しかもサッカー不毛の地とまでいわれたアメリカでのワールドカップは、ブラジルの優勝で終わっていた。八二年スペイン大会の黄金の中盤カルテット（ジーコ、ソクラテス、トニーニョ・セレーゾ）の一人で、ASローマの八人目の王様にして元ブラジル代表監督というフレコミも手伝い、ブランド先行型の人選に疑問を投げかける声は聞かれなかった。

代表選考は、ファルカンだからこそ許された極端な若返り策。残ったのは、井原、柱谷キャプテン、北澤、カズ、高木、武田らで、SBに未経験者の岩本輝雄や遠藤昌浩《まさひろ》を当ててしまう大胆さだった。いつの間にやら、トライアングル省略の速攻リアクション系のチームとなった新代表チームは、九四年一〇月に始まる広島アジア大会での六試合に臨んだ。

結果は、好ゲームながらも準々決勝、韓国戦で敗退。四‐三‐一‐二の代表チームは、UAE（一‐一〈前半〇‐一〉）、カタール（一‐一〈前半〇‐一〉）、ミャンマー（五‐〇〈前半一‐〇〉）、韓国（二‐三〈前半一‐〇〉）の四戦だけで広島の地を去ることになった。優勝して金メダルを得たのは、初参加のウズベキスタン。以下、中国（銀）、韓国を三位決定戦で下したクウェート（銅）と続いた。この大会でも中一日でたたかう試合が当たり前のようにあり、アジアの後進性が浮き彫りになったが、咎める声は小さかった。

オフト時代の遺産を食いつぶした上に高い授業料を払うことになったJFAは、推定八〇万ドル（八八〇〇万円）といわれたファルカンとの八カ月契約を延長しなかった。「世界の修羅場をくぐり抜けた経験」を買われたブラジル人は、アジアの修羅場の段階で去ることになった。代表チームは、新監督に加茂周を迎えて九八年フランスW杯を目指すことになった。

ネルシーニョ事件

当時の最先端戦術〈ゾーンプレス〉を鞄に詰めて就任した加茂の新チームは、一九九五（平成七）年一月から本格スタートした。ナイジェリアとのインターコンチネンタル選手権こそ〇‐三（前半〇‐一）で落としたが、韓国に決勝でPK戦勝ちしたダイナスティカップでの

V2、スコットランド、エクアドルを招いたキリンカップサッカーでの優勝と続いて、再び代表チームは上げ潮ムードに乗る。そして六月には、アンブロカップをロンドン、リバプール、ノッティンガムでたたかうことになった。

イングランド、スウェーデン、W杯王者のブラジルが参加した大会の価値は、翌年夏の欧州選手権のリハーサル的意味合いが強い上に一度限りのものだった。だが、日本代表が聖地・ウェンブリー・スタジアムでイングランド代表と対戦できること自体がビッグ・ニュースなのだった。今では南米連盟（CONMEBOL）の一〇カ国すべてと欧州連盟（UEFA）加盟五五カ国中の数多くの代表チームと対戦し、残された未対戦強豪国はポルトガルくらいのもの。しかし、九〇年代は違った。スペイン（二〇〇一年）、ドイツ（二〇〇四年）、オランダ（二〇〇九年）などと同じように、サッカーの母国イングランドとの初対戦は遠い将来の現実でしかなかった。

ウェンブリーでの日本の国際Aマッチ三一四試合目の結果は一－二（前半〇－〇）の惜敗だったが、六二分に井原正巳が左コーナーキックからのボールをヘッドで決めている。

九五年の代表チームは、夏以降、コスタリカ（三－〇〈前半一－〇〉）、ブラジル（一－五〈前半〇－二〉）、パラグアイ（一－二〈前半一－一〉）と国内で試合をこなし、秋の二戦を残すだけとなる。カズはコンスタントに得点を重ね、一〇月のサウジアラビアとの連戦は、二‐一（前半一‐〇）、二‐一（前半〇‐〇）。この翌月、一一月二二日水曜に「ネルシーニョ事件」が起きた。

加茂の任期切れを前に、強化委員会（加藤久委員長）が後任監督にネルシーニョを第一候補に推挙。一方、ＪＦＡ幹部会（長沼健会長、岡野俊一郎、川淵三郎両副会長、小倉純二専務理事）は、当初の交代ムードから一転、続投要請を決定する。後任監督問題は、その後のネルシーニョの重大発言「協会トップに腐った存在（長沼）がいるのは非常に残念だ」もあって、こじれにこじれる。九四年に六四歳で会長を引き受けた長沼が、関西学院大学の先輩後輩以外の面でも関係の濃い加茂の続投を決めたことが騒動の根にあった。結果として、「加茂でフランスに行けなかったら私が辞めます」が、長沼会長のネルシーニョ発言への報答となった。この事件は、協会幹部の企業アマ体質が、プロ中のプロをきわどく押し切ったケースとして禍根を残すことになった。

騒動直後のセカンドステージで優勝したヴェルディは、その年のチャンピオンシップで横浜マリノスに連敗し、以後のかくも長き低迷が始まる。

Ａマッチを一六試合もこなした九五年の終わりに、ヨーロッパでは新たな動きが起きていた。

ベルギー一部リーグ、リエージュ所属のMFジャン＝マルク・ボスマンは、当時の規定から仏二部のクラブへの移籍が成立しなかった。挙げ句は元に戻ることもできず、失業状態に。これに怒ったボスマンは、所属先とベルギー協会を訴え、九〇年一一月に勝訴。賃金の支払いと仏三部リーグのクラブへの移籍が認められた。その後ボスマンは、欧州司法裁判所でも、UEFAとベルギー協会を相手取り、長年月をかけて勝訴する。労働者としての基本的人権と、契約終了時における移籍の自由を訴える果敢な行動だった。

九五年の、このいわゆる「ボスマン判決」によってEU域内での移籍が自由化され、恩恵に浴した選手は数え切れない。ところが、週給四億円などという今の青天井にもほどがある好況の陰で、訴えを起こしたジャン＝マルク・ボスマンは引退を余儀なくされてしまう。「三〇過ぎの超有名クレーマー」という良からぬイメージを受け入れ先のクラブが敬遠したためである。五〇代になったボスマンは、マネーゲームの敗者である資金力の乏しいクラブのように、恵まれた生活を送れていない。一三年には飲酒がらみの暴行事件を起こし、一年間の執行猶予付き判決を受けている。

五輪とW杯、二つの悲願成就と苦渋のW杯招致

Jリーグ・フィーバーのその先にあったのが、一九九六（平成八）年アトランタ五輪予選だった。一九九六年三月二四日日曜、クアラルンプール、シャー・アラムスタジアムで、西野朗（当時四〇歳）率いる日本五輪代表は、サウジアラビア五輪代表を二-一（前半一-〇）で破る。七大会、二八年もの失望の歳月がもたらしてくれた絶対的瞬間は、至高の時のように思われた。

際立っていたのは、徹底マークを振り切り二ゴールを挙げたキャプテン前園真聖《まえぞのまさきよ》（横浜フリューゲルス・二二歳）と、再三のピンチを防ぎ、試合後号泣した二〇歳のGK川口能活《よしかつ》（横浜マリノス）だった。出場権獲得から三日後の決勝、韓国戦は、一-二（前半〇-一）で失うが、一九歳のMF中田英寿（ベルマーレ平塚）だけは当時から言うことが違っていた。曰く、「オリンピックといっても特別な思いはない。どんな舞台でも、試合に変わりはない」。

アトランタ五輪本番の前には、二〇〇二年ワールドカップ招致という懸案の成否が待ち構えていた。国際親善試合の試合結果に、招致への影響を重ねてしまう神経過敏で見栄っ張りな時代が終わろうとしていた。

七年に及ぶ招致合戦を繰り広げた相手は、ワールドカップ連続三大会出場の韓国。出場歴

ゼロの日本側がナーバスになるのは無理もなかった。単独開催を目指した日本招致委員会が、史上初となる共同開催を渋々受諾したのは、五月三一日金曜のことだった。

長嶋茂雄をはじめ、プロ野球関係者が自分たちの今後を憂慮するほどのサッカー熱の高まりは、一九九六年七月二二日月曜（日本時間）、アトランタ五輪本番で一つのピークを迎える。

七月二一日日曜一八時半キックオフのブラジル戦は、MF伊東輝悦《てるよし》の挙げた後半二七分のゴールを守り抜き、一－〇（前半〇－〇）でタイムアップ。この一戦は、DFロベルト・カルロス、FWロナウド、ベベットらのいるブラジルを下した〝マイアミの奇跡〟として長く言い継がれることになった。

同じグループDの二戦目は、またしても非常識な中一日という間隔でのナイジェリア戦だった。五輪代表はよく耐えたが、八二分にFWババンギダ、九〇分にMFオコチャにPKを決められ、〇－二（前半〇－〇）。

その結果、再度中一日で臨むことになったハンガリーとの最終三戦目は、同時刻夜九時に始まるブラジル対ナイジェリア戦（一－〇〈前半一－〇〉）の経過を意識しながらのたたかいになってしまう。

オーランドに移動してのハンガリー戦は、二分にシャーンドル、三九分にMF前園のPK

が決まって、前半は一‐一。後半開始間もない三分にはマダールのゴールで失点するも、九〇分DF上村健一、九一分前園で大逆転に成功する。ところが、アディショナルタイムの逆転ゴールのあとに、あろうことかゾノは敵陣コーナーフラッグ近くで悠々と時間蒸発のゴール・パフォーマンス。得失点差を意識していない知力を疑うシーンとして忘れがたい。

日本五輪代表は、二勝一敗、勝ち点六で、ブラジル、ナイジェリアと同勝ち点ながらも、得失点差で「二」足りず準々決勝に進めぬことになった。皮肉にも、そのD組二位通過のナイジェリアが金メダルに輝き、同組一位通過のブラジルは銅。銀はクレスポ、C・ロペス、オルテガ、シメオネ（オーバーエイジ枠）らを擁するアルゼンチンだった。

ジョホールバルの歓喜

ことオリンピックに関しては、止まっていた時計が動き出した。そうであれば、ますます動き出さないもう一つの時計（W杯）が気になる。「開催国特権による初出場」という事態だけは避けたい。目前に迫る一九九八（平成一〇）年フランス大会予選を経ずしての二〇〇二年日韓共催では、恥辱に近い。それがJFAのみならず、ファン、メディアが共有する感覚だった。世間体ならぬ〝世界体〟の発生である。

翌九六年の日本代表は、ユーゴスラビア、メキシコに勝利し、国内の親善試合ではまずまずの結果を残す。しかし九七年三月に始まるフランスW杯アジア第一次予選までは、中東勢のクウェート、スウェーデン、タイに敗れ不安を残す。

それでも一次予選でオマーン、マカオ、ネパールを次々に退け、日本は九月七日から一一月八日までの最終予選に臨む。

グループBに入った日本は、ホーム国立競技場で幸先よく、ウズベキスタンを六－三（前半四－〇）で下す。カズがハットトリックを決めての好スタートだったが、同月一九日のアウェー、アブダビでの対UAE戦では〇－〇。続く二八日日曜ホーム国立では、韓国に一－二（前半〇－〇）の逆転負けを喫してしまう。後半二二分にMF山口素弘《もとひろ》の伝説的ループシュートが決まり、残り六分というところで交代出場した俊足MF徐正源《ソジョンウオン》、更には同四二分にDF李敏成《イミンソン》にゴールを許す最悪の展開で、負のスパイラルにはまり込む。

勝ちゲームを落とした原因は、早過ぎるワンパターンの交代とされた。後半二八分の段階で、FWの呂比須《ロペス》ワグナーを下げ、守備固めのためにヘディングの強い秋田豊を投入したからである。弱気采配と批判する人びとの多さに戸惑ったのは、ほかならぬ加茂監督本人だったに違いない。サッカー大衆挙げての反抗期が始まった。

出場枠が「三・五」(うち〇・五は、オセアニア連盟との大陸間プレーオフ)に増えた予選とはいえ、ホームでの敗戦が絶望的な気持ちにさせた。六日後のアウェー、アルマトイでの対カザフスタン戦は、秋田のゴールで先制しながらも一‐一(前半一‐〇)。終了間際に追いつかれる展開が、協会首脳陣の許容限度を超えた。強化委員会の予告通りの結果に慌てたJFAは、体調面に不安を抱える加茂を更迭し、コーチの岡田武史(当時四一歳)を代理監督に昇格させる。

代表チームは緊急事態発生となってからの一〇月一一日、〇‐一で試合終了かと覚悟させられたタシケントでのアウェー、ウズベキスタン戦を引き分ける。試合終了間際の呂比須のラッキーなヘディングゴールが決まらなければ、更なる窮地に追い込まれるところだった。残り試合は、二週間後に迫るホームでのUAE、アウェー、ソウルでの韓国、ホームでのカザフスタン戦だけとなった。

ところが、岡田が正式な代表監督となった二六日の対UAE戦は、呂比須のゴールで先制しながらも、一‐一(前半一‐一)。自力での二位通過が絶望的となったことで、試合後の国立競技場駐車場周辺は荒れに荒れる。五〇〇〇人近い群衆から空き缶、卵が乱れ飛び、代表の乗り込むバスが蹴られた。パイプ椅子を投げつける者に、「俺たちは諦めていない!」と啖呵を切るカズを必死に止める協会関係者。バス襲撃の可能性まで感じさせる準モッブ化状態だった。挑発されたカズが苛立つのも無理はなかった。激戦だったホーム韓国戦以降は、四試合連続の無得点が続いていた。

一週間後、日本はすでにフランス行きを決めている韓国を一分・名波、三七分・呂比須のゴールにより二‐〇（前半二‐〇）で完封する。帰国後のカザフスタン戦にも五‐一（前半三‐〇）で大勝。三勝四分け一敗ながらも、なんとか二位に着けて、中立地のマレーシア、ジョホールバルのラルキン・スタジアムに乗り込むことになった。

第三代表決定戦ＡＦＣプレーオフの相手は、グループＡを三勝三分け二敗の二位で終えたイランだった。決戦は、新監督就任四三日目の一一月一六日日曜夜九時二分に始まった。日本は前半四〇分に中山のゴールで先制しながらも、後半三一分の城の同点ヘディングゴールが決まるまでは、イランにリードを許す苦しい展開。一一八分目の延長後半一三分、ＭＦ中田英寿の放ったシュートのこぼれ球をＦＷ岡野雅行が押し込み逆転Ｖゴールを決める。逆転勝ち自体がそもそも二七試合ぶりという薄氷を踏む勝利だった。

予選方式が、中立国での集中開催方式の予定からホーム＆アウェー方式に急遽変更になったことにより、九月以降のＪリーグは代表選手抜きで行なわれていた。そうした背水の陣が奏功し、三カ月の長丁場の果てに日本代表は、三‐二（前半一‐〇、後半一‐二、延長Vゴール）で、イランを破り、ついにワールドカップ本大会への出場権を得る。一九五四年スイス大会予選から実に一〇度目の挑戦でたどり着いたこの試合で、日本の三ゴールのすべてにからんだのは二〇歳のＭＦ中田英寿だった。日本時間一一月一七日月曜未明のことだった。

第一三節　出版の嵐としてのJリーグ・ブーム

サッカーボール形の「坂の上の雲」

この華やかだった時代は、やがて来るインターネット社会の訪れを知らない。スポーツ雑誌はアイルトン・セナ（一九九四年五月事故死）の牽引するF1ブームとともに活況を呈し、サッカーがらみの新雑誌も次々に創刊された。出入り自由な部外者と関係者のあいだ＝周縁が自分の立ち位置と決めてはいても、ついついサッカー原稿の比率が増してしまう。頼まれるままにコラム連載やインタビュー原稿をこなしていった。

一九九二（平成四）年には、老舗専門誌「サッカーマガジン」が月刊から隔週刊となり、Jリーグが始まる翌九三年には「週刊サッカーマガジン」となった。好カードの偽造チケットが出回る事件もあったが、それは代表戦チケットではなく、鹿島対名古屋戦のものだった。スタジアムを出た中年のサッカーライターに、まさかの黄色い声援が飛ぶ事態にも遭遇し、一驚喫《いっきょう》したのもその頃のことだ。

Jリーグ・バブルを象徴する逸話は、こんなふうに枚挙にいとまがない。回顧物の企画を目にしないのが不思議なくらいだ。バブル崩壊後の惨状とは裏腹の好況が続いたのは、「克服」という名の大きな時間が創られて行ったからだろう。「新（斬新さ）・高（クオリティ）・大（大衆性）」の三要素が満たされ、代わりに「喜怒哀楽」の怒と哀がかすんだ。

Jリーグ開幕の少し前に、私は四十路の坂を越えた。細川連立内閣が成立したその年の秋、ドーハの悲劇直後に一冊目のサッカー本（『Jリーグよ！』）を書き終えている。手本にしたのは、〝過激な観客主義〟を唱えた村松友視『私、プロレスの味方です』（前出）だった。巻末の『私家版　サッカー全史　日本サッカーVS.世界＋世相』も、村松本を換骨奪胎した年表なのだった。

「アメリカW杯アジア最終予選（カタール）で、日本、イラク戦であと48秒をしのげず、米国行きの切符を逃す」で終わるその年表の掉尾を私は次のように締めくくっている。

■サッカー、ついに世相そのものとなるが、「人並みのサッカーファン」というのが相変わらずイメージしにくい。年回りや地域特性から相当恵まれたスタートを切れた筆者ですら、全く観なくなった時期があるのだから、今回のブームがえんえん続くとはやは

り考えにくい。だが、それでもなおサッカー観客として打ち込むに値する理由はある。私はあなたに問いたい。最早何をやってもユニークですらない今の日本に、手つかずのまま残された未踏の荒野がサッカー以外に何があるだろうか、と。

欧・南米文化への劣等感や憧れがこれほど刺激されるジャンルを筆者は知らない。この格差をある情念をもって埋めようとすることで、環境、文化、伝統が築かれ、やがて才能あるまったく新しい日本人の誕生を見るに違いない。そんな予感だけはしている。私たちの時代の「坂の上の雲」は、どうやらサッカーボールのかたちをしているようだ。

戸惑いと興奮が鼻につく冷や汗の出る文章だが、普請中の安定しないイメージは今も変わらない。その先のあとがき・冒頭で、私はこう述べている。

こんな大ブームになる前からこっそりサッカーを追っかけていたなんてさすが先見の明があるなあ、とあちこちで言われる。まるで１９００年代にピカソの絵を買った目利きのように扱われて私は嬉しい。嬉しいけれど、サッカー・ファンごときでユニークな人物扱いをされた時代が終わりつつあることのほうが、本当はそれよりも何倍か嬉しい。

硬い肉しか知らぬ世代に、突然ブランド牛が供された。激変の中心にいた筆頭格は、岡野俊一郎のアイデアで、理事長職をチェアマンと呼ばせることになった川淵三郎だろう。企業人としての出世コースに限界を感じて、活躍の場を置き換えた彼こそが実は、時代の寵児だった。J開幕時は五六歳。五六歳の寵児というのも妙な話だが、革命期には適材な「開発独裁」タイプであっても、安定期にはどうなのかという声も聞こえてきていた。礼賛記事の嵐の中で正気を保つのは大変なことのように思えた。

維新と枯れ芝問題の改善

Jリーグ二年目の九四年から「サッカーマガジン」のコラムを受け持つようになった。この頃考えていたのは、木下真弘《きのしたさねひろ》の『維新旧幕比較論』(宮地正人校注、岩波文庫、一九九三年)、いわゆる『新旧比較表』をサッカー界に当てはめてみることだった。プロ化の意味を整理してみる必要を感じていた。

例えば、同書〈明治二年己巳《つちのとみ》〉の項では、

（新）
○新聞紙刊行を許す。

（旧）
●時事を直筆するもの刊行を許さず。

とある。〈明治四年辛《かのと》未《ひつじ》〉の項には、

○私に灯台を沿海に建るを禁ず。

●或は人民の請願に由り、之を設くるを許す．多くは篝《かがり》火《び》等を用ゆ。

などの記述もあり、ついつい、左のようにパロりたくなってしまった。

○チアホーン、自粛を促さるる。

●チアホーン吹きまくりに近隣住人、古参蹴球愛好者由り苦情続出。

しかし、チアホーンの撤廃以上に大きな変化が見られたのは、ピッチのエバーグリーン化だった。当時の課題は、何と言ってもスポーツターフの常緑化にあった。冬の枯れ芝と決別するための有力な手段が、Ｊリーグの発足と二〇〇二年ワールドカップ開催なのだった。

超党派国会議員による「校庭緑化推進議員連盟」の非公式なオブザーバーにさせられそうになったこともあるくらいで、Ｊリーグの発足前から「朝日ジャーナル」のようなオピニオン誌で枯れ芝問題については書いていた。

発端は呆れるくらいに明快だった。東京五輪で知った緑の絨毯との落差を、二年後に身を以て知ってしまったからだ。比喩に語弊はあるが、若はげの哀しさを中二の時点で知ってしまったのである。丈夫ながらも回復力が弱いという欠点を持つ高麗芝の酷使と不養生で、駒沢の五輪会場は悲惨な状態になってしまっていた。楽しみにしていた芝デビューが土デビューに変わってしまったのだ。

象徴的な陰の功労者が何人かいる。

国立霞ヶ丘競技場（国立競技場の正式名称）管理課の鈴木憲美係長（九一年当時）への取材で実に多くのことを学んだ。

まず驚いたのは、春の選抜高校野球の時にも青い、甲子園球場のノウハウが国立競技場の遥か先を行っていたことだ。しかし、その甲子園の洋芝入れ替え時に協力を求めた先がゴルフ場というのも、どこか切ない話ではある。もっと言えば、競馬のジャパンカップが行なわれる東京競馬場でも、八〇年代には克服済みの問題だった。

国立競技場の管理課は、「函館市根崎公園ラグビー場のような冬芝を秩父宮ラグビー場にも」とラグビー協会関係者に要請されたことがあったという。きっかけは七九年に函館で行なわれたケンブリッジ大学との代表戦だった。この問題の解決がサッカー界の悲願であったとは到底思えない。いつか誰かがやってくれるだろうで済まされてきたに違いなかった。

国立は、冬の時期に繁殖力旺盛な冬芝でウインターー・オーバーシーディング（二毛作）をスタートさせる。秩父宮ラグビー場の管理も兼務するキーパーたちは、おかげで九〇年代以降、多忙をきわめることになった。元々、国立の注目度は高い。芝の冬枯れは当たり前という固定観念を覆す端緒となった。

校庭をスポーツ芝化すると、埃が立たぬことから眼病罹患率が半分に減り、ケガの発生も三分の一に減ることが立証されていた。阻んでいたのは省庁だった。学校校庭の成り立ちは、明治政府の軍事教練と結びついていた。それが故に不熱心どころか、立ち入り禁止の発想しかなかったのである。

「スポーツは芝の上でやるのが基本という普遍思想がない」

「今のような硬い校庭の上では、ＧＫの飛ぶ練習ができない。ボールが走り過ぎて止めることばかりに神経が集中して、状況判断も遅れがちになるんじゃないかな」

そう語っていたのは、代議士で校庭緑化推進議員連盟の事務局長も務めた鮫島宗明《さめじまむねあき》（東京一〇区）だった。その後、鮫島は二〇〇五年の衆議院選挙で小池百合子に敗れ落選。政界を引退されてしまった。票に結びつかないテーマで奮闘していた農学博士でもある鮫島代議士は、尊敬に値する人物だった。

芝関連のインタビューで忘れられないのは、千葉県内の地域クラブで、実際に芝のグラウンドを作ってしまった同世代のサラリーマン（湯浅浩志）がいたことだ。二〇〇〇年代にもなると、小学校の校庭に国立競技場のような背伸びした農法を持ち込むことへの疑問も呈されるようになってくる。発想の根本に自然克服を目指すアメリカ型のゴルフ場のノウハウがあることは明白で、そこから一歩抜け出し、安価で管理もしないで済む方法を彼は模索していた。だが、緑化工法のモデル創りを幼稚園の園庭からという身の丈に合った着想は、ロングパイル人工芝の開発によってさほど進んでいないようにも思われる。

プロバンス出身の作家、ジャン・ジオノの『木を植えた男』（あすなろ書房、一九八九年）は、実在の男について書かれた名著。妻子を失った元羊飼いの農夫が、二度の大戦の渦中にあってもただひたすら苗を植え、それを森にまでした話である。不毛の土地に生命の息吹を蘇らせる寓話に、私はサッカー界につきまとう芝問題を重ねてしまう。

インタビューに協力的だった時代のオフト、岡田

この時代の代表スタッフもまた純情だった。「マルコポーロ」（文藝春秋）という月刊男性誌で日本代表監督時代のハンス・オフトに聞き書きをしたものが、『食の自叙伝』というタイトルで文春文庫（一九九七年）に収められている。幼少時からの食べ物とのかかわりを聞くことで、ビビッドな即席自叙伝を成り立たせる試みだった。オフトの言葉を左に少し引用してみる。

私が初めて日本に来たのは1981年のことでした。静岡県協会の招きでトレーニング・クリニックを4日ほどしました。オランダ・サッカー協会で働いていた77年と78年に、日本の高校選抜チームをオランダのザイストで指導したのがきっかけでした。その初来日が縁で、今度は82年の夏に、ヤマハ発動機（当時2部リーグ）の杉山隆一氏から臨時コーチとして誘われました。2ヵ月ずつ2年続けて招かれ、幸いにもいきなりチーム

が天皇杯で優勝してくれたんです。

静岡県の磐田市とオランダとでは寒さの質が違うので．随分不思議な気がしたものです。浜名湖のウナギもよく食べましたよ。最初は薫製になっていないので物珍しく思いました。

日本に来てなにしろ驚いたのは、サッカー場のスタンドでカップ麺を食べている子供が非常に多いことです。神経集中の妨げになるので私は昔から何も食べません。

（中略）

昨秋初優勝したアジアカップのときも、それぞれの選手に合ったものをバイキングスタイルできちんと食べるようにしました。命令されるのがみんな大嫌いですからね。試合3時間前にスパゲッティ、チキン、バナナ、うどんというふうに炭水化物主体のものの中から各自摂ります。ハーフタイムは水かお茶ぐらいです。


サッカーの普及・啓蒙のためなら――が恐らくは不文律としてあったのだろう。会話の交換がパスの出し合い、つまりは未来へと向かう何かしらの贈与活動のように思えて来る愉しいインタビューだった。現在の代表スタッフのメディア対応とは違う、余裕のようなものがあった。

こんな喜楽の時代に、「僕はJリーグが始まった時のフィーバーぶりを知らないんですよ。帰って来た時は浦島太郎の気分」と言ってのける男がいた。一九九二（平成四）年から約一年間、ドイツにコーチ留学した岡田武史その人だ。

渡独直前の冬のある夜、大船の駅で改札に消えていく後ろ姿を見送ったことがある。家族五人で暮らす三〇代半ばの不定の未来が、双肩にのしかかっているようで居たたまれなくなった。サラリーマン風のコート姿がより一層の哀愁を漂わせた。

九〇年春の現役最後の試合は、風の強い、観客まばらな試合だった。JSL最終節、本田対古河戦（都田《みやこだ》サッカー場）で、岡田はPKを後半一〇分に決めて引退。ジェフ市原のコーチになった。しかし日々の勝ち負けに追われる指導者生活に疑問を感じて、落ち着いたドイツでの見つめ直しを選択する。求めたものは、現時点で正しいと思うことを迷わずに実行するリーダーとしての強靭さだった。指導者育成の受け皿がなさ過ぎる現実も、ドイツ行きの後押しをした。契約・対決社会を選択した男がマッチアップした相手は、「情」や巧言。切羽詰まってのドイツ留学だった。

今、「サッカーマガジン」に寄稿した九四年秋のインタビュー・コラムを再読してみると、以下のような発言があって感慨深い。岡田は、加茂日本代表監督のアシスタントコーチになっていた。私は、代表候補選手に「合否」の結果を電話で直接告げる役割も負っているのではないか――と聞いていた。

割の合わない厭な仕事なんだけど、思わせぶりな言い方は絶対禁物なんです。はっきり「今回は、お前を必要としなかった。残念だけど、又もしその気があれば次、頑張ってくれ」というふうにある程度突き放すんです。加茂さんと評価を出し合って、「誰々と比べたんだけど、今回は背の高い相手だから」とか「左足のキックに問題があった」というふうに一応どこが悪かったかは言ってあげられる。「冗談じゃない！」と腹を立てる選手もいるでしょうけど、たとえカリオカ（ラモス）であろうと、カズであろうと、特別扱いはしないです。恨みを買われてもしょうがないし、そういう仕事なんだから、プロとしてやってる以上、中心のコンセプトは絶対曲げない。

（中略）

でも、今はもう選手の意識がある程度上がって、みんな割り切れるようになっているからやり易いですよ。ヴェルディの選手はその辺を実によく知っていますよ。ポンと巧い

選手が入って来たら、もうそれで終わりだというのをいちばん身に染みて知っているんじゃないかな。逆に今は、指導者がそういう役割を億劫がったり怖がったりという傾向でしょう。「お前が好きだし、いい奴なんだけど、」なんて枕言葉をいちいち振ったりしないと言い出せなかったりしてね。

この三年後、ワールドカップ初戦を前に、スイスの合宿地ニヨンで岡田は「日本世間」を敵に回すような情況を招く。岡田の誤算は、当時の「ヴェルディの選手」が思うほどには成熟していなかったことにある。

監督、GM論の萌芽とがら空きの車輛

見切り発車のJリーグだったが、メディアも次第に取り扱いに慣れてゆく。微苦笑、失笑禁じ得ないわがヘボ原稿の中でも、いくつかは再読に耐えられるものがあるようだ。

一九九四（平成六）年春、「スポーツ・グラフィックナンバー」に寄稿した「特別読物・監督のライトスタッフについて」は、森孝慈、清雲栄純、田嶋幸三、奥寺康彦、小見幸隆への取材によって構成されている。ライトスタッフ＝正しい資質は、映画にもなった、トム・ウルフのノンフィクション表題からの援用だった。

銀塩時代の滝浦哲《たきうらてつ》のポートレートも見事だったが、編集部によるリード文が、含蓄に富んでいる。

昨シーズン終了後、３チームの監督が「交代」した。表現の違いはあるものの、いずれも成績不振の責任をとった形だ。しかし、プロ野球のように監督を代えただけでチームは強くなるのだろうか。「現場」を選手に任せるサッカーでは、監督の仕事はどのようなものなのか、その領域がきわめて曖昧である。Ｊリーグの発足により、選手側は確かにプロ化した。だが、監督においては退任後もフロントに残るという、未だ古きＪＳＬ時代の「会社の一員」という悪しき構図も一部で見られるのだ。外国のプロリーグでは、「プロ監督」はあたり前で、１部とそれ以下のチームを行き来している人材は、数多く存在する。監督の正しい資質を探るとともに、日本で「監督業」が成立するための条件を、様々な立場の関係者に意見を求めてみた。

盲点を突くようなこの企画は、今も尾を引く問題だ。Ｊリーグの制度設計をした幹部連は長く「大会社の一員」だった人たちである。プロ化後の監督像がリアルに掴めていたはずもない。出資企業のサッカーとは縁もゆかりもなかった人物が、行き当たりばったりの人事異動で運営・管理のトップに座れば、当然のように軋轢が生じる。自生的な成立過程を踏まなかった「大会社の一員」体質は、今も残滓どころかサッカー界の基本体質として残っている。

見切り発車よろしくＪＦＡはスペシャル・ライセンスを三〇人近くに発行していた。八六年Ｗ杯優勝監督のカルロス・ビラルド（アルゼンチン）や各界名士の講演が主体で、しかも大半は今のような自費参加ではなかった。名声だけでやれるプロ野球との違いを見せたことは評価できたが、当時はお寒いリーダー育成体制しかなかった。以後は、田嶋幸三が中心となってライセンス制度を確立してゆくが、彼はこの時の取材でもいきなり「監督論より今は、総指揮官であるゼネラルマネージャー論のほうが重要」と正鵠を射た意見を述べた。ドイツ「キッカー」誌のマネージャー評価欄を開きながらの次のような説明が記憶に新しい。

「これは毎年恒例の頁です。必ずしも優勝したクラブの人だけではなく、低い順位から上位に食い込んだところの人も評価されます、基準がいくつかあって、まずサッカーの専門知識という点でどうか。次に問われるのがクラブの成績。以下、能力、統率力、広報活動、効果的マーケティング、現場観戦の頻度というふうになっていて、トータルの平均点で競われます」

クラブ側の防御反応と報復を忖度して動く日本の新聞、専門誌ではせいぜいシーズン前の順位予想がよいところ。GM採点表を目にしたことはいまだかつて一度もない。

このJリーグ二シーズン目を前にしてのテクストが懐かしい。奥寺康彦の「三〇歳ぐらいの中間管理職的な選手を掌握しておかないと下にざーっと子分がいて従わなくなる。プロのいい監督は、やる気を選手に起こさせるのが仕事だから心理学者じゃなければいけない」──は、ある種の名言だったが、ヴェルディのスーパーバイザーだった小見幸隆の発言にも一日の長があった。

「特別コーチをしていたジノ・サニの名言があるんだけど、ラモスがガガガッと逆らった時に、『俺は（スウェーデンW杯のセレソンMFで）世界チャンピオンになってんだ。お前は黙れ！（笑）』

ヨーロッパなんかだともっと凄いでしょ。『俺がボスだ、俺が決める』だから。ぶつかった奴には『出て行け、サヨウナラ』なんだよ。そのシステムで日本に来るとちょっと難しいんだけど、今そういうことに抵抗力があるのはやっぱりウチ（ヴェルディ）だよね。色んな人種が来たから。他のチームではまだ外国人といい揉め方してないって聞くもの。

でもねえ、サッカーの勝ち負けに監督は何パーセントぐらい関わっているんだろう。選手が巧くて勝負強くなかったら、名監督を連れて来ようが、松木の女房に一日頼もうが同じだよ(笑)、凄い極論だけど。じゃあ誰でもいいかというと、そうでもないところがある。だから、今必要なのは、監督論よりも監督を選んだり評価したりするための正しい基準を上のほうが持つことなんじゃないかな。これからはフロントの50代のネクタイ族のオジサンたちと、現場族との接点でいちばんうまくやっていけるクラブが成功すると思うんだ」

運営・管理面での年功序列や系列人事の構造的弊害が噴出していた。ライトスタッフを欠く野球世代のネクタイ族問題は同時に、人材難の問題でもあった。私自身もそこに誤算があった。共にサッカーを語れるのは、ほとんどが年下世代。がら空きの車輛で座席指定の椅子に座る居心地の悪さは今も続く。

『28年目のハーフタイム』と金子達仁

繰り返しになるが、Jリーグ熱と並行していたのはブラジル、サンパウロ生まれのセナが引っぱる空前のＦ１ブームだった。ドーハの悲劇の七カ月後に三四歳で事故死した際には、サンパウロ対パルメイラス戦が中止となり、国葬も行なわれるほどの国民的英雄だった。そんな時代背景も味方して、スポーツ誌は一躍、違う次元に上り詰めた。「サッカーダイジェスト」編集部出身の金子《かねこ》達仁《たつひと》（一九六六年生まれ）が、一九九六（平成八）年アトランタ五輪におけるチームの内幕と監督・西野との衝突劇を、当時一九歳の中田、前園、川口に寄り添うかたちで描き話題を呼んだ。

その『28年目のハーフタイム』（文藝春秋、一九九七年）を再読すると、処女作とは思えぬ練度の高さが感じられる。七一日間のアジア予選の観戦記とも言える次の『決戦前夜』（新潮社、一九九八年）も大変な売れ行きとなり、金子はサッカー・ジャーナリズムの寵児となった。しかしそれより驚いたのは、絶賛批評の多さだった。

にわかサッカーファンを自称する文芸評論家の加藤典洋《かとうのりひろ》が、新聞に寄稿した書評もどこか発熱患者を思わせた。

> **金子のサッカー論を読んで感じるのは、ここに描かれた七十一日間の経緯を通じて日本のサッカーがいわば物語から批評へ、すっかり様変わりしたということだ。その転機をなす決定的瞬間は間違いなくあのマレーシア・ジョホールバルでの「カズの交代」である。しかし興味深いのは、この日本サッカー界の生まれ変わりの劇が、そのままサッカ**

—のスポーツジャーナリズム界の地滑り的な意識改革を伴ったと見えることだろう。

（『書評大全』、共同通信文化部編、三省堂、二〇一五年）

加藤の評説は、従来型の提灯記事やなれあい批評では、大衆の情報欲求にこたえられないどころか、サッカーそのものの持つ熱さを伝えられるはずがないというものだった。「この間現れた最も有望な、新しい質を持つスポーツライター」「組織とも選手とも対等に向き合うこのクールなスポーツライター」と、素朴過ぎる驚きをもって迎え入れている。

金子の登場は、よく売れるサッカー本としても衝撃的だったが、世界観も人間観も未成熟な、敢えて言えばサッカーだけしかないチーキーボーイ（小癪者）の反抗による〝被災者〟は一体誰なのかという問題も残した。

「ナイジェリア戦のハーフタイムだったなあ。生まれて初めてってぐらい、キレちゃったんだ、俺が」

そう言って西野はまた杯をあおった、バルのテーブルの上では、５本目のワインが空になろうとしていた。

（『28年目のハーフタイム』より）

バルセロナ旧市街のバルでの飲み会とおぼしきシーンである。在住サッカー狂たちを前にして数時間にわたってのやり取りがあったらしいが、白髪染めの実情まで描かれた西野本人の弁によると、「二人でワインを五本も飲めるわけがない」とのことだった。

サッカーライティングはいかにして大衆化したか

アメリカ人のビル・ビュフォードによる『フーリガン戦記』（原題『AMONG THE THUGS』〈ならず者のあいだで〉、北代美和子訳、白水社）が訳出されたのは、一九九四（平成六）年六月のことだった。イタリアW杯にも取材しているイングランド・サッカーの裏面を描いた体験ノンフィクションの秀作で、私は何度か紹介記事を書いた。一〇年後の二〇〇四年に「ナンバー・プラス」（文藝春秋）誌で、フーリガニズムで鳴らしたロンドンのチェルシーFCサポーターに会いまくる仕事に恵まれたが、期待された危険人物は見つけにくかった。その理由は、スタジアムのオールシーター化。立ち見を禁じられたことによる心理的影響が大きかったようだ。

それでも、この問題に終わりはなさそうだった。人気《ひとけ》のない深夜のカフェ&キャンティーンで、ＩＴ関連会社の部長をしている四〇歳の男、ピーター・リチャード・ガイから聞いた話が、なまじ知的であるが故に余計強度のある因果的陰惨話として残っている。ガイは、こう語っていた。

下火の傾向は顕著でも、育って来た背景とか職業、年齢に影響されるものではないですからね。表向きはマイルドでいいオヤジになれたかもしれないけれど、会計士であろうと弁護士であろうと、集団になると突如凶暴な血が騒ぎ出してしまう。根底にあるのは民族主義です。「自分たちと敵」という見方しか出来ないメンタリティーを持った民族が、領土の奪い合いの時代を終えて、もう少し部族主義的になっただけなんです。「オラが村が一番」みたいな主張を堂々と実際の行動を伴う形で表現できるのがサッカー観戦のサポーターという立場にしか無い訳です。哀しいかな、フーリガニズムにはイギリスのフットボールと切っても切れないものがあります。程度の差こそあれ、今も昔もこれからも付きまとって行くと思う。（同誌より）

学術系図書にもそれなりの豊饒《ほうじょう》が見られた。アメリカの社会学者ジャネット・リーヴァーの『サッカー狂の社会学　ブラジルの社会とスポーツ』（亀山佳明・西山けい子訳、世界思想社）が、原著刊行から一三年後の九六年にようやく翻訳出版され、一部で話題になった。日本との違いを感じさせる箇所が忘れがたい。曰く——

唯一の大衆的な団体スポーツとして、サッカーはブラジル人の生活に特別な位置を占めており、また国家的統合や進歩のシンボルとなってきた。

（第7章「結びに——スポーツの重要性」より）

翻って日本を考えたときに、サッカーは進歩のシンボルではあり得ても、国家的統合の装置になどなり得ない。ペレのような共通の文化英雄も見いだしにくいし、相撲あり、野球ありで、ましてや皇室もある。それより何より、奇妙とも言える芸能界との親和性のほうが私には気になっていた。サッカー界のみならずスポーツ界全体が、ケジメなき第二芸能界のように思えてしまう時がある。

国内の学術系図書では、音楽学者の細川周平『サッカー狂い　時間・球体・ゴール』（哲学書房、一九八九年）の声価が定まっていた。八〇年代のニュー・アカ（デミズム）の担い手の一人だった細川による同書は、叙事詩、論考、コラム、中学時代の詩作品の再録となんでもありの自由奔放なサッカー書籍だった。現代アートの大竹伸朗《おおたけしんろう》が装丁した裏表紙の写真コラージュも愉しく、アヴァンギャルドな現代思想感覚が〈80's TOKIO SWINGS〉の遺香のように思えた。細川も大竹も刊行当時は三四歳。西欧中心主義から多文化共存へと枠組みが転回してきたのを皮膚感覚で捉えている点も、長く好評を博す理由の一つだった。

しかし今見れば、かつての謳い文句からしてどこか酔態気味である。

球体は始原の運動、渦巻く力の界面であり、出来事を生成する。サッカーの時間とは収縮した持続、浮遊する線、アイオンだ。そしてゴールという巨大な時間の停止。ボールは崇高な作用だけを許す。世界で最も美しいスポーツ、競技の王様、人を狂わせる事件、サッカー。これはサッカーに狂った著者によってサッカーそのものにさせられてしまった書物。

（同書より）

――とあって微苦笑を誘う。ちなみにアイオ（ー）ンとは古代ギリシャ語でいう長い長い時間のことである。

「選手退場」と題したあとがきに、資料提供者として自分（佐山）の名前があるのは光栄であっても、ずいぶんとまたロマンチックな本だなァ、というのが変わらぬ感想である。「現実を幻想的に見るな、知と戯れるな」と言いたくもなるが、それでも八六年メキシコW杯から九〇年イタリアW杯までの時代においては、超人的な知的博捜《はくそう》をしていた。水と油のようには見えるが、細川から金子への流れが確かにあった。そのプロセスによってサッカーライティングの大衆・通俗化が完成したとも言える。

この時代は、九四年六月に、SMAP唯一の映画作品『シュート！』（大森一樹監督、大島司原作、松竹、一九九四年）が公開され、往年のサッカー映画との違いを痛感した。足技のレベルが格段に向上していたからである。九六年二月には、経営シミュレーションゲーム『プロサッカークラブをつくろう！』（セガ〈現・セガゲームス〉、セガサターン）も登場した。同年九月には、JFAが鉄アレイの代わりかと思わせる重さ二・八キロもの『日本サッカー協会75年史』を定価一万円で刊行している。しかし、こけおどしといわれても仕方がない本づくりへの批判は聞かれなかった。

同九六年一二月には、四カ月もの長期に及ぶ在ペルー日本大使公邸占拠事件が起こり、何とも厭な気持ちにさせられたものである。六〇〇人から一〇〇人、最後は七二人となった男性ばかりの人質（日本人二四人）が長期の拘束に耐えた。左翼ゲリラ組織ＭＲＴＡ（トゥパク・アマル革命運動）の構成員一四人は、一階でサッカーに興じるのが日課だった。実行犯一四人がボールを蹴っている隙を見はからって特殊部隊が突入。ＭＲＴＡ構成員全員が死亡している。

過剰で狂気じみた出版の嵐は、その後も続くことになる。

第七章

岡田、トゥルシエ、ジーコの時代

一九九八年 - 二〇〇六年

第一四節　空前の活況から、その終焉の日まで

九八年フランスW杯と贔屓の引き倒し

鳴り止まないカーテンコールの中で年が明けた。代表チームは、翌一九九八（平成一〇）年二月の豪州遠征から、三月日本開催のダイナスティ杯（東京）、四月ソウルでの日韓戦、五月キリンカップでのパラグアイ、チェコ二戦を消化し、事前合宿地のスイス・ニヨンに向かう。

チーム力が劇的に上がることはなかった。日本開催のダイナスティ杯では韓国を二－一（前半一－二）で下しながらも、中国に〇－二（前半〇－一）で敗れてしまう。先制されると跳ね返せない展開は相変わらずで、ソウルでの韓国戦は一－二（前半〇－一）、キリンカップの二戦でも、パラグアイ一－一（前半〇－一）、チェコ（〇－〇）と得点力不足に悩む。

合宿地のニヨンでは、二五人から二二人に絞り込む仮借なき決定が行なわれた。岡田監督はケガもあって前年九月から調子の上がらないFWカズ（三浦知良、当時三一歳）、MF北澤豪

（二九歳）、SB市川大祐《だいすけ》（一八歳）をメンバーから外すことを発表する。九八年六月二日火曜のことだった。

カザフスタン・アルマトイからの加茂周前監督と同じように失意の帰国となったカズと北澤の動向は逐一報道され、国民的関心を呼んだ。実際は、直後のCB井原正巳キャプテンの右膝のケガのほうが重大関心事であったにもかかわらず。

その井原もなんとか間に合い、代表チームはチケット騒動に巻き込まれた日本からのサポーターの前で、ワールドカップ・デビューを果たす。3バックの基本システムで、GK川口能活以下、ストッパーに秋田豊、中西永輔、スイーパー井原正巳、右SB名良橋晃、左SB相馬直樹、ドイスボランチに山口素弘、名波浩、プレーメーカー中田英寿、2トップの中山雅史《まさし》、城彰二が、アルゼンチンとの初戦に名を連ねた。

六月一四日日曜、南仏トゥルーズ市、スタジアム・ミュニシパルでのキックオフは現地時間、午後二時半。猛暑の中でのたたかいは、FWバティストゥータの前半二八分のゴールが重くのしかかる。善戦空しく日本は〇-一（前半〇-一）で沈む。

中五日で試合会場をナント、スタッド・ドゥ・ラ・ボージョワールに変えた日本は、同月二〇日同時刻に紅白市松模様のクロアチアと対戦し、〇-一（前半〇-〇）で一六強入りを逃してしまう。後半二二分、大会得点王になるFWシューケルのゴールだった。初出場の旧ユーゴ、クロアチアは調子を上げ、ルーマニア、ドイツ、オランダを破り、最終的には三位になった。

落胆と脱力ムードが日本中に漂うなか、興味はワールドカップ初ゴールが連れて来るはずの初勝利へと向かう。食通の街、リヨン、スタッド・ドゥ・ジェルランでの開始は、二六日午後四時。初出場国同士の消化試合にもかかわらず四万人近くの観衆で埋まった。しかし日本は、ジャマイカ代表MFセオドア・ウィットモアに先制点と二点目を許し、一-二(前半〇-一)で万事休す。ジャマイカの属すカリブ海地域としての勝利は、一九三八年フランス大会でのキューバ対ルーマニア戦以来で、六〇年ぶりだった。日本の救いは、中山の右足ダイレクトによるW杯第一号ゴールを持ち帰れたことだった。4バックに変えた後半二九分、相馬からのフィードをファーサイドの呂比須が頭でつなぎ、中山が合わせた。

試合後の記者会見で、岡田は辞意を表明する。

「本来の力を出せば勝てる試合を、そうさせてやれなかったのは僕の責任。辞めます。思い通りに選手を選んで何人も切って、やりたいようにやって来た。監督だけ残るのは無理。慰留されても辞めます。強化委員長(大仁邦彌)も分かっていると思います。選手にはこれから言います」

攻撃の組み立てに時間を割けなかったこのチームのもう一つの救いは、中田、小野伸二ら若い世代のみならず、チームスタッフやメディアまでもが世界劇場の檜舞台を踏めたことだった。一二〇パーセントの力を出しつつ、先進レベルとの差をリアルに体感できたことの意義は大きかった。もっとも、それは点差に現れにくいものでもあるのだが。

代表チームは同月二九日月曜午後、傷心の帰国をする。成田空港入国ロビーで待ち構えていたのは、約千人のファンだけではなかった。三戦に先発しながらもノーゴールに終わったFW城彰二に、スポーツ飲料を浴びせる三〇歳の男がいた。城個人を狙ってはいない衝動的犯行として微罪で済んだが、アルマトイでのカザフスタン戦でも加茂監督に唾を吐きかける輩《やから》がいた。九八年三月七日のダイナスティ杯、中国戦でも日本の敗戦をきっかけに、JFAの入る建物に生卵がワンパック分投げつけられた。贔屓の引き倒しを絵に描いたような新しい現実とともに、単なるファンではない「サポーター（≒ウルトラス）」という外来語が〝クラブ命！〟の「Jサポ」と「代表サポ」に分岐しながら定着してゆく。

宴《うたげ》のあとのお楽しみはこれだといわんばかりに、次なる話題が提供された。金髪になって目立とうとした中田にイタリア・ペルージャからのオファーがあり、ジェノア時代のカズに続く日本人二人目のセリエA選手が誕生した。

Ｊリーグは、この間、鹿島アントラーズが擡頭《たいとう》し、ジュビロ磐田としのぎを削った。

奇矯な指導者、トゥルシエの登場

代表チームはその後、辞意を表明した長沼健に代わる新会長選びと代表監督人事に入る。だが、海外人脈はあきれるほど貧弱だった。九月一〇日にようやく発表されたのが、フランスＷ杯で南アフリカを率いたフランス人のフィリップ・トゥルシエ（当時四三歳）だった。ただ、この時点ではまだ二〇〇二（平成一四）年日韓共催Ｗ杯の代表監督は白紙状態だった。

ワールドカップの余韻が完全に消えたのは、九八年一〇月二九日のことだった。横浜フリューゲルスが、横浜マリノスに吸収合併される事態が明るみになったからだ。フリューゲルスのスポンサー企業で準大手ゼネコン佐藤工業の経営悪化が表向きの理由だが、マリノスもコストカッターといわれた新社長カルロス・ゴーン対策で手堅いパートナー企業を探していた。

両クラブの選手、リーグ選手会、サポーターだけではなくリーグ事務局の職員までもを怒らせたこのクラブ消滅問題は、結果として横浜フリューゲルスの意地のリーグ残り試合全勝と天皇杯優勝、その後の横浜ＦＣという自生的な市民クラブの誕生をもたらした。試練のあとの果実と言えば聞こえがよいが、クラブ最期の監督、ゲルト・エンゲルス（当時四一歳）の悲痛な叫び声が今も耳から離れない。

「誰デモイイ、助ケテクレ！」

この問題においては、すでに八月の段階で川淵チェアマンが規約無視の短慮で合併を黙認していた。本来なら、一年前に退会申請を出さなければならない規約上の枷《かせ》があったのだ。そうとも知らず、リーグ事務局を存続嘆願のサポーター二〇名が訪れ、川淵は彼らの前で涙を流す。フリューゲルス自らの華やかな封印に救われたのは、次善の策に目もくれなかった川淵本人だったのかもしれない。

翌一九九九年六月から始まる五輪予選の前に、ナイジェリアの旧首都ラゴスなど八都市でU20ワールドユース選手権（隔年開催・二〇〇七年以降はU20ワールドカップと改称）が開催された。GK南雄太、DF中田浩二、MF小野伸二（主将）、酒井友之、小笠原満男、稲本潤一、本山雅志、遠藤保仁、FW高原直泰らの何人かはすでにU23（二三歳以下）の主力メンバーでもあった。

トゥルシエは今では考えられない全権的立場にあり、U20日本代表監督としても指揮することになった。若いチームは、ポルトガル（一‐一〈前半〇‐〇、延長PK五‐四〉）、メキシコ

（二‐〇〈前半二‐〇〉）、ウルグアイ（二‐一〈前半二‐一〉）を次々に破り、四月二四日一七時からの決勝に進出。相手はMFシャビのいるスペインだった。アルゼンチン人、アンヘル・サンチェス主審の不可解な判定の影響もあって、〇‐四（前半〇‐三）で完敗はしたが、アンダーカテゴリーの国際大会ながらも、男子世界大会での準優勝はこれが初めてで、豊作年の選手たちに恵まれたトゥルシエ株は急騰した。

ワールドユースにおける日本代表は、自国開催の七九年大会以来、八回連続予選敗退を続けていた。だが、九五年カタール、九七年マレーシア両大会では八強入りし、融合の可能性を感じさせる好循環が生まれていた。田中孝司監督率いる九五年組には、DF森岡隆三、松田直樹、MF中田英寿。山本昌邦《まさくに》監督が率いた九七年組には、DF宮本恒靖、戸田和幸、MF中村俊輔、FW柳沢敦らがいた。

A代表でのトゥルシエは、前年一〇月のホーム、エジプト戦（一‐〇〈前半一‐〇〉）を皮切りに、翌九九年三月のブラジル（〇‐二〈前半〇‐一〉）、六月のキリンカップ、ベルギー（〇‐〇）、ペルー（〇‐〇）とまずまずのスタートだった。しかし、一九一六年に始まる最古の大陸選手権大会コパ・アメリカ（パラグアイ）に招待されての結果は、ふるわなかった。九八年フランスW杯をたたかった選手を中心に臨み、ペルー（二‐三〈前半一‐〇〉）、パラグアイ（〇

-四〈前半〇-二〉）、ボリビア（一-一〈前半〇-〇〉）と対戦し一分け二敗に終わる。中でも、最終ボリビア戦は、名センターバック井原正巳が、Aマッチ出場一二二試合で代表を去る哀切な試合となった。雨中、井原に二枚目の警告でレッドカードを突きつけたのは、後にヘロイン（六キロ）密輸で逮捕されるエクアドル人の札付き審判、バイロン・モレノ（当時三〇歳）だった。

その一方で、二〇〇〇年シドニー五輪を目指すU22日本代表チームには、二大会連続の予選突破が期待されていた。

GK曽《そ》ケ《が》端《はた》準《ひとし》（当時、鹿島）、DF中澤佑二（V川崎）、宮本恒靖《つねやす》（G大阪）、中田浩二（鹿島）、MF明神智和《みょうじんともかず》（柏）、遠藤保仁《やすひと》（京都）、酒井友之（市原）、稲本潤一（G大阪）、高原直泰（磐田）、中村俊輔（横浜FM）、中田英寿（ペルージャ）FW福田健二（名古屋）、本山雅志（鹿島）、平瀬智行（鹿島）——ら存在感のある選手を揃えたU22代表は、アジア一次予選を五二得点一失点で八連勝し、勝ち上がる。フィリピン戦で重傷を負った小野伸二を欠きながら、続く最終予選でも白星を重ね、一一月六日、国立競技場でのU22カザフスタン代表に（三-一〈前半〇-二〉）で大勝し、最終戦を残してシドニー行きを決める。結局、一二戦して六六得点。彼らをいまだに「黄金世代」と呼ぶ理由の一端がそこにある。

朝日新聞の大誤報と岡野俊一郎の決断

二〇〇〇（平成一二）年に入ってからも、アフリカ・サッカー界で「白い呪術師」、日本の一部メディアからは「赤鬼」と呼ばれた全権監督は強気だった。

この頃のＪＦＡは、会長・岡野俊一郎（当時六八歳）、副会長・川淵三郎（六三歳）、専務理事・森健兒《けんじ》（六二歳）、強化推進本部長・釜本邦茂（五六歳）、同副本部長・木之本興三《きのもとこうぞう》（五一歳）と体制を一新していた。同副本部長だった大仁邦彌（五五歳）は、故意に無視を決め込むトゥルシエの襟首を掴んで啖呵《たんか》を切り、現場とのかかわりを拒絶。自ら進んでお役御免となった。

協会は、そんなトゥルシエの査定・去就問題を抱え込んでいた。契約は二〇〇〇年六月まで。高慢、奇矯、傍若無人な振る舞いの連続で、メディアのみならず協会役員との軋轢から、三月半ばのホーム中国戦（〇‐〇）後はとくに批判が集中した。そしてついに、四月下旬のアウェー韓国戦〇‐一（前半〇‐〇）から二日後の朝日新聞に、解任報道（大誤報）が飛び出た。理事会決議もされていない段階でのフライングではあったが、強化推進本部の解任方針については真実だった。飛ばし記事とも言い切れぬその方針が現実化するか否かは、岡野会長の判断に任された。結論は、契約延長期限の一〇月まで持ち越された。

だが、トゥルシエはしぶとかった。

フル代表が臨んだ六月上旬のハッサン国王杯（モロッコ）では、フランスと対戦し、後半二九分までリードする展開に持ち込む。試合は二－二（前半一－〇、PK二－四）でPK負けを喫したが、記録上は引き分けとして扱われる。九八年フランスW杯の優勝メンバー（GKバルテズ、リザラス、ブラン、デザイー、テュラム、デシャン、ビエラ、ジダン、アンリ、プティ、ピレス、ジョルカエフ、ビルトール、デュガリ、トレゲゼ、アネルカ）を相手に前半三四分、MF森島寛晃《ひろあき》、後半二五分にはワントップの西沢明訓《あきのり》がゴールを挙げた。しかし、二人の初起用が当たった前半とは打って変わり、フランスが後半本気になる。後半一六分に、MFジダン、同三〇分にFWジョルカエフがゴールを挙げ追いついてしまう。

三位決定戦では、フランスW杯で敗れたジャマイカを四－〇（前半〇－〇）で雪辱。ゴーラーが、城、柳沢、カズだったこともトゥルシエ株を上げる材料になった。協会が熱望していたベンゲル監督招聘も困難になり、六月二〇日、赤坂プリンスホテルでの岡野、トゥルシエ会談後、そのままの体制で正式に二〇〇二年W杯に臨むことが確認された。

シドニー五輪でメダルを逃す

「人間株式市況」を生きるのが監督の仕事とはいえ、サッカー大衆もまた現金なものである。結果至上主義が、人望のあるなしに優先するＪＦＡの体質がこのとき固まった。それは、メディアが作り出したい、たおやかな物語性の否定とも言えた。対決・契約社会の象徴とも言えるトゥルシエという名の劇薬が、従来の企業アマチュア体質を一時的ながらも払拭した。

四五歳で働き盛りのトゥルシエは忙しい。二〇〇〇年九月一四日に始まったシドニー五輪本番は、メダル獲得の可能性があることから大変な盛り上がりを見せた。所属事務所共々メディア対策に長ける中田英寿（当時ＡＳローマ）のブームと言ってもよかった。

一次リーグ初戦では、南アフリカ五輪代表とたたかい、二－一（前半一－一）。フラット３の最終ラインを中盤から崩されながらも、ＦＷ高原の連続ゴールで大事な初戦勝利を物にした。中村俊輔、中田両ＭＦの好アシストからだった。三日後のスロバキア戦でも、日本は中田、稲本のゴールにより二－一（前半〇－〇）で勝利を収める。

ところが、この日、日本五輪代表より一時間早く始まった同じＤ組の南アフリカ対ブラジル戦は、三－一（前半一－一）で南アが勝つ予想外の結果に。日本の八強入りは三戦目、ＭＦアレックス主将、ＦＷロナウジーニョのいるブラジル戦での引き分け以上が条件となった。

敗れた場合は、南アフリカ対スロバキア戦でのスロバキアの勝利か引き分けが必要条件となった。頼みの中田は、累積警告で出場停止だった。

九月二〇日夜の南アフリカ対スロバキア戦は、首尾よく一‐二（前半〇‐〇）でスロバキアが勝ち、ブリスベーン・クリケットグラウンドでのブラジル対日本戦は、開始五分にアレックスのヘッドが決まりそのまま一‐〇で終了。日本五輪代表は、中二日、アデレードでの準々決勝アメリカ戦に臨むことになった。

試合は三〇分にFW柳沢のヘディングが決まり、日本リードで折り返す。後半二三分にウォルフに決められたあとは、同二七分に高原のゴールで突き放すが、終了間際の四四分にPKを許し、延長戦にもつれ込む。そこでも決着が付かず、PK戦となった日本は、中村（成功）、稲本（成功）、森岡（成功）、中田（失敗）、明神（成功）の順で蹴るが、アメリカは、成功↓成功↓成功↓成功↓成功。左ポスト直撃の中田ヒデが頭を抱えるシーンがスポーツ紙の一面を占領した。こうして日本五輪代表は、メキシコシティ五輪以来、三二年ぶりとなるメダル獲得の好機を逃してしまう。アメリカは四位。金メダルはFWエトー、エムボマ（オーバーエイジ枠）を擁するカメルーン。銀、スペイン。銅はオーバーエイジ枠に三三歳のFWサモラーノを入れたチリだった。アトランタ五輪では使わなかったオーバーエイジ枠をトゥルシエはフルに使い、GK楢﨑正剛、DF森岡隆三、MF三浦淳宏《あつひろ》が活躍した。

翌一〇月には、A代表によるレバノンでのアジアカップ本番が待っていた。日本代表は、サウジアラビア（四－一〈前半二－〇〉）、ウズベキスタン（八－一〈前半五－一〉）、カタール（一－一〈前半〇－一〉）、準々決勝・イラク（四－一〈前半三－一〉）、準決勝・中国（三－二〈前半一－一〉）、決勝・サウジアラビア（一－〇〈前半一－〇〉）――の六試合で、FW高原（五点）、西澤（五点）を中心に、実に二一ゴールを叩き出し、二度目の優勝を果たした。

コンフェデ杯の準Vから日韓共催W杯ベスト一六まで

日韓共催の準備は、開催地《ヴェニュー》のスタジアム建設に対するメディアの監視もないままに進んでいった。一九九九（平成一一）年一二月七日には大陸別予選の抽選会が、有楽町・東京国際フォーラムで開催され、次第に現実味を帯びてくる。シドニー五輪後の一一月には、toto（スポーツ振興くじ）の試験販売が静岡県内で行なわれ、二〇〇一年三月には全国発売が開始された。

同年五月末日からは、W杯本番の予行演習とも言える5回目のFIFAコンフェデレーションズカップが日韓六都市で行なわれた。

アジアカップ優勝以降の日本は、親善試合でホーム・韓国（一-一〈前半〇-一〉）、アウェー・フランス（〇-五〈前半〇-二〉）、守備的戦術に徹したアウェー・スペイン（〇-一〈前半〇-〇〉）と惨めな結果が続き、再びトゥルシエ批判が高まっていた。しかし負荷がかかったあとのコンフェデ杯では、新潟スタジアムで、カナダ（三-〇〈前半〇-〇〉）、カメルーン（二-〇〈前半一-〇〉）に連勝。グループBの三戦目カシマスタジアムではレオン監督のブラジル（〇-〇）と分けて、一位通過を果たす。中一日での三連戦後は、中二日の六月七日、雨中の横浜国際総合競技場での準決勝オーストラリア戦に臨んだ。前半四三分、中田ヒデの飛沫を上げながらのフリーキックが見事に決まり、日本は一-〇で決勝に進んだ。

同月一〇日の決勝は、その七八日前に雨中、八万観衆の面前で起きた〃サンドニの惨劇〃（スタッド・ドゥ・フランス）の雪辱が期待されたが、前半三〇分、MFビエラのゴールを守り抜いた世界王者フランスの〇-一〈前半〇-一〉の勝利に終わる。コンフェデ杯はその後、W杯前年のプレ公式大会として定着していったが、国別通算成績で日本は、ブラジル、メキシコ、フランス、ドイツ、スペイン、アメリカ、アルゼンチン、オーストラリアに次ぐ九位。二〇一四年大会までのW杯の全戦績順位＝三五位とは違い、強豪国と錯覚してしまいそうになる。

新スタジアムのお披露目も兼ねた国際親善試合が、夏以降も続けられた。ホームでは、戦前戦後を通じて二度目のイタリア戦（一-一〈前半一-〇〉）、天覧試合となったスウェーデン戦（一-一〈前半〇-一〉）などもあり、二〇〇二年六月本番までに九戦無敗（四分け）の戦績を残した。アウェーでは、セネガル（〇-二〈前半〇-〇〉）、ナイジェリア（二-二〈前半一-一〉）、ポーランド（二-〇〈前半二-〇〉）、レアル・マドリード（〇-一〈前半〇-一〉）、ノルウェー（〇-三〈前半〇-〇〉）との五戦で、二勝一分け二敗とまずまずの仕上がりを見せた。

サッカー界のこの空前の盛り上がりは、過去のどの地点から眺め直しても、「歯を／くい／しばって／このなみだ橋を／逆にわたっていこう」（『あしたのジョー』丹下《たんげ》段平《だんぺい》の弁）が現実化したようなものだろう。現役の首相（小泉純一郎）が、試合後の更衣室を訪れる政治パフォーマンスがやがてＷ杯本番で披露される。

二〇〇二年日韓大会での日本代表は、六月四日火曜一八時、埼玉スタジアム二〇〇二でまずベルギーと対戦する。結果は周知の通り、二-二（前半〇-〇）。後半一二分にＦＫでリードされるも、二分後にＦＷ鈴木隆行のきわどい足先の合わせで追いつき、二二分に稲本が突き放し、その八分後には再び追いつかれる展開だった。

初勝ち点獲得の次に、初勝利が訪れた。五日後、六月九日日曜夜八時半キックオフの横浜国際でのロシア戦は、一-〇（前半〇-〇）。後半六分、稲本のゴールを守り切り、前述の通り、メガフォンを握った小泉首相が更衣室に〝乱入〟。上半身裸の稲本《ヒーロー》が抱きついた。

グループH最終戦の相手は、チュニジアだった。大阪・長居スタジアムでの試合開始は一四日金曜一五時半。ここでも試合は後半に動き、三分にMF森島寛晃、三〇分に中田ヒデのヘディングによるゴールが決まり、二-〇（前半〇-〇）。日本代表は二勝一分けで首位となり、二位のベルギーとともに開催国ノルマともいえる決勝トーナメント（ラウンド一六）への進出を決める。夕方から始まった大阪・道頓堀へのダイブは、それが阪神ファン固有の習性でないことを証明した。

中三日で当たる相手は、C組二位のトルコだった。トルコ代表は、ブラジル（一-二〈前半一-〇〉）、コスタリカ（一-一〈前半〇-〇〉）、中国（三-〇〈前半二-〇〉）と対戦し、一勝一分け一敗だったが、三戦とも先制点を奪い、侮れない相手だった。

中三日で日本代表は、アクセス最悪な丘陵の一角に造られた利府町宮城スタジアムのピッチに立った。開始時間は六月一八日火曜一五時半。そぼ降る雨とベンチ、客席共通の奇妙な燃え尽き感の中、日本は前半一二分のコーナーキックからMFウミト・ダバラに決められ、そのまま〇-一で終焉する。

対照的に、同日夜二〇時半からの韓国対イタリア戦（大田）は、延長後半一二分、〝韓国のベッカム〟安貞桓《アンジョンファン》の決勝ゴールにより二‐一（前半〇‐一、後半一‐〇、延長一‐〇）。八強入りに韓国中が真っ赤に燃え盛る。この試合の演出家バイロン・モレノ、当時三二歳は、延長前半一三分にFWトッティに二枚目の無実のイエローを出し、延長後半にはMFトンマージのゴールを無理矢理オフサイドにする。モレノは大会終了後も誤審を繰り返し、所属するエクアドル協会から出場及び資格処分を受け、前述の通り二〇一〇年にはニューヨークケネディ空港内でヘロイン大量所持容疑によって逮捕された。

その時点で、八強入りしたのは他にイングランド、ブラジル、セネガル、スペイン、ドイツ、アメリカ。日本がトルコに勝っていれば、相手は、八強中最弱のセネガルだった。

準々決勝では、セネガル、イングランド、アメリカが敗れ、韓国は、光州《カンジュ》でもエジプト人の演出家に助けられ、スペインにPK戦で勝利する。さすがに準決勝では、ドイツに〇‐一（前半〇‐〇）で敗れたが、ブラジルと再戦したトルコも〇‐一（前半〇‐〇）で決勝に進むことができなかった。大邱《テグ》での三位決定戦では、トルコが三‐二（前半三‐一）で韓国を下した。

その日は、韓国に水を差す動きもあった。当日朝、北朝鮮警備艇の領海侵犯によって、双方に死者を出す第二延坪《ヨンピョン》海戦が勃発。チームに動揺をもたらした可能性も否定できない。

六月三〇日日曜夜、横浜国際での決勝は、ロナウドの後半の二ゴールでブラジルがドイツに勝利し、史上最多五度目の優勝を飾った。

ジーコに賭けた大博打・ドイツW杯

日本国内は平成不況も手伝い、リーグ戦も長く沈滞気味だった。それが、サッカーくじと国民のワールドカップ熱によって、再び活性化した。共同開催という顛末への不満はあっても、大会自体は成功裏に終わり、JAWOC（日本組織委員会）は六〇億円近い黒字を計上した。

七月から新会長になる川淵は、次期監督はジーコと大会期間中に決め、根回しをしていた。ジーコ率いる代表チームは、一〇月半ばのジャマイカ戦から始動し、フランスでの二〇〇三（平成一五）年コンフェデ杯と東アジア選手権に臨む。

二〇〇六年ドイツW杯一次予選は、予備予選を経て早くも〇四年二月に始まり、日本はオマーン、シンガポールを僅差で退ける。その後の欧州遠征では、ハンガリーに敗れはしたものの、チェコ、アイスランドに連勝、イングランドとは分けるなど善戦して帰国した。

七月のAFCアジアカップ（中国）は、猛暑で名高い重慶《チヨンチン》で、オマーン（一‐〇〈前半一‐〇〉）、タイ（四‐一〈前半一‐一〉）、イラン（〇‐〇）とたたかい、決勝トーナメントへ。

済南《チーナン》での準決勝では、バーレーンに四‐三（前半〇‐一、延長一‐〇）。北京工人体育場での決勝戦は、地元中国を三‐一（前半一‐一）で下し、二大会連続三度目の優勝を飾る。ゴーラーは、MF福西崇史、中田浩二、FW玉田圭司だった。

語り種になったのは、かつて日本軍の無差別爆撃が行なわれ、反日ブーイング渦巻く重慶での準々決勝、対ヨルダン戦のPK戦だった。一‐一（前半一‐一）で終わったあとのPK戦を日本は四‐三で物にするのだが、先行されたあとにDF宮本恒靖（主将）が、エンドを変えることを主審に要求。そこでの変更がなければ、勝負強いジーコというイメージはついえていた。

この時代になるとアジア圏内でのホーム&アウェー戦もすっかり定着している。二〇〇四年九月からの最終予選は、アウェーのインド、オマーン、ホームのシンガポール戦でも順調に勝ちを重ね、一二月一六日には、長く対戦の待たれたドイツ戦が横浜国際で初めて実現している。しかし結果は、〇‐三（前半〇‐〇）。FWクローゼの二ゴールとMFバラックのゴールで完敗に終わった。

三九チームでたたかわれて来たW杯アジア予選は、最終予選に突入。アジアの出場枠は「四・五」に増えていた。日本代表は四カ国からなるグループBでの二位以上が、出場権獲得の条件だった。年が明けて二〇〇五年二月のホーム・対北朝鮮（二 - 一〈前半一 - 〇〉）、三月のアウェー・対イラン（一 - 二〈前半〇 - 一〉）、ホーム・対バーレーン（一 - 〇〈前半〇 - 〇〉）を終えて二勝一敗で折り返す。五月のキリンカップではペルー、UAEに連敗し、ムードは悪かったが、六月のアウェー・対バーレーン（一 - 〇〈前半一 - 〇〉）、厄介な北朝鮮のホームであるはずが、イラン戦での不祥事から中立国タイでの無観客試合となった北朝鮮戦（二 - 〇〈前半〇 - 〇〉）も安定したたたかいぶりで、世界最速の出場権獲得を果たす。

同じ月には、ドイツW杯のプレ公式大会、コンフェデレーションズカップが待っていた。結果は、メキシコに一 - 二（前半一 - 一）、ギリシャに一 - 〇（前半〇 - 〇）、ブラジルに二 - 二（前半一 - 二）で敗退。妙な言い回しになるが、二〇一八年五月現在、一二戦して二分け一〇敗のブラジルに「負けなかった最後の国際Aマッチ」となった。

ドイツ大会本番までの代表チームは、アウェーで韓国に勝ち、ドイツと引き分けもしたが、そこがピークとなった。

そして迎えた二〇〇六年六月一二日月曜。酷暑のカイザースラウテルン、フリッツ・ヴァルターシュタディオン、二時五九分開始のオーストラリア戦で日本はあってはならない逆転負けを喫する。一 - 三（前半一 - 〇）という結果以上に、失点の時間が悪すぎた。八四分ケーヒル、八九分ケーヒル、九二分アロイージ。しかも二人は後半途中からの交代出場。二〇〇二年大会で韓国の四強入りを叶えたフース・ヒディンク監督の、魔術的積極采配といわれても仕方がなかった。翻って、監督未経験で、元々やる予定もなかったジーコは？

立て直すことが難しくなった日本は、六日後のニュルンベルク、フランケン・シュタディオン午後三時キックオフのクロアチア戦を〇－〇で引き分けてしまう。試合巧者のクロアチアは、立ち上がり一五分とラスト一〇分に的を絞ってきているのに、オーストラリア戦の三－五－二から四－四－二に変えた日本は同じように受けて、同じようにピンチを招く。ドイツからの実況「危ないッ、クリアーッ！」「ニッポンまたピンチィ〜！」を国民は一体何度聞かされたことだろう。

二二日木曜、夜九時からのブラジル戦（一－四〈前半一－一〉）でも良いところを見せられずに、代表チームは、ドルトムント、ワールドカップスタジアムを後にした。同日同時刻のグループF最終戦、クロアチア対オーストラリアは二－二（前半一－一）。結果として日本は、ブラジル相手に三点差以上での勝利という絶望的条件でたたかっていたことになる。

以下はラジオ実況における、終了間際の悲痛な声である。

「ナカタヒデ、ナカタヒデ、（祈るように）なんとかしてくれ、ナカタッ！（唸るように）なん

とかしてくれ、ナカタッ！　ボールをキープ、まだボールをキープ、ナカタ……」（文化放送・長谷川太アナウンサー）

「あとたったの三分しかありません、ニッポンのワールドカップ！　時間がありません、時間がありません、ニッポン、ニッポンにはもう時間がありません」（同）

ＮＨＫラジオ第一の曽根優《そねまさる》アナは、後半三六分のブラジルの四点目よりも、直後の交代にダメージを受けていた。

「あっと、ここでブラジルはゴールキーパーを代えます。なんということでしょうか、こんなことがあるんでしょうか、ゴールキーパーがケガをしたわけでもないのに」

大会中に中村俊輔と玉田だけが挙げたゴールは、いずれも前半の先制点だった。

大きな落胆によって、人々が波が引くように去るイメージにどこよりも敏感だったのは、サッカーを取り巻くメディアだった。

第一五節　家から通えるワールドカップの〝不幸〟

事件性乏しき時代の到来

岡田（在任一九九七 - 九八年）、トゥルシエ（一九九八 - 二〇〇二年）、ジーコ（〇二 - 〇六年）の一〇年近くは、最後の熱病の時代だった。この時代、私は二冊のコラム集を上梓している。九九（平成一一）年が『サッカー細見'98 - '99』（晶文社）、二〇〇一年が『こんなサッカーのコラムばかり雑誌に書いていた。』（双葉社）で、いずれも四〇代後半の仕事だった。

担当編集者の情熱的協力で編まれたが、背景にフランス・ワールドカップという祝祭があった前者（斉藤典貴編集）のほうが出来映えは良い。もっと言えば、岡田武史や中田ヒデを取り扱えた『サッカー細見』前半第I部「ワールドカップ、宴のあとさき」以後は、事件性のようなものが乏しくなって行く。逆に言えば、大きな物語が紡げたのはそのプレ・インターネット時代までだったのかもしれない。代表取材のハードルが高くなって行く過程で、メディアとの関係も悪化した。ひとたび悪化すれば、反動でますますライター、コメンテーターは辛辣になる。これを普通、好循環とは言わない。協会、Ｊクラブ広報に人間力に富む人材が集まらないことも大きかった。包摂ではなく、排除の論理が優先された。

九〇年代は、後押しをしてくれる紙媒体に勢いがあった。「論座」（朝日新聞社〈現・朝日新聞出版〉、〇八年休刊）では岡田ジャパンがらみの評論、「ＡＥＲＡ」（朝日新聞社）の「現代の肖像」では岡田武史に関する人物ノンフィクション、「ＢＲＵＴＵＳ」（マガジンハウス）では事前偵察と称して、日本代表の立つトゥルーズ、ナント、リヨンの事前情報を美食情報まで含めて書きまくった。このフランス取材では、ロマネ・コンティを安く飲むレポートまでしたのだから、まだまだ取材費が潤沢に使える時代だった。今は亡き快楽派のサッカーコメンテーター、ジャンルカ・トト・富樫（洋一）にさんざん羨ましがられたのをよく憶えている。「読者を代表して飲みました」と言い訳しても、相当に白々しいものがあった。

ｔｏｔｏとモラル・クルセイダーズ

事件性ということで嗅覚が働いたのは、サッカーくじの成り行きだった。解禁派のコラムが目に留まったためか、ＮＨＫ大阪のテレビ番組「サンデーワイドきんき」からお声が掛かった。それは思いのほか古く、一九九二（平成四）年二月のことだった。一九五二年以来のギャンブル法案への反対運動は凄まじく、解禁派（というよりは抑圧反対派）の私は肩身の狭い思いをしたが、ヨーロッパに行く度にそれなりの〝研究〟もしていた。日本の場合は、自由民権運動の弾圧とともに賭博に対する忌避感が作られ、そのタブー意識は「清潔」や「猥褻」同様、イデオロギー（固定観念）の亜種と感じられた。「倫理の闘士（モラル・クルセイダーズ）とマフィアは共通の利害の上に立つ」という犯罪学の有名な言葉があるように、必要悪の禁止のほうがダークな状況を生みやすい。

呼ばれたテレビ番組では、（この方もまた今は亡きだが）ジャーナリストの黒田清と議論になり、「宝クジの一等みたいな額を出しては、健全なバクチとは言えない。国民性に合わん。どうしてサッカーだけが特別なんや。だけど、あんた一人だけが一〇億、一〇〇億当たったら、こんな暗い話もないで」に対して、「そんな嫉妬だらけの国には居たくもないから、一〇億、一〇〇億当たったら、即、亡命ですよ」と私。一同大失笑という悲惨な展開になってしまった。

すでに同年一月末には、日本体協と日本五輪委員会の歴々が、要望書を傍らに自民党本部を訪ねていた。スポーツ振興くじ法案は、その時点で八割方成立したようなものだった。可決されたのは、数年後の一九九八年五月八日金曜で、フランスW杯をたたから代表メンバー発表の翌日というタイミングだった。日本スポーツ振興くじ株式会社の発足は、一九九九年一二月だったから長年月を要したことになる。

最大のピンチは、売上げが一三四億七一〇〇万円にまで落ちた六年目の二〇〇六年だった。初期費用の回収も重なり、助成事業費わずか一億一〇八五万円。〇七年にＢＩＧの発売で持ち直さなければ、七年目の見直しで終わりかねなかった。〇七年以降は六億円の発生も珍しくなくなり、その後は非予想系くじによる多品目・高額賞金化が続き、一三年の法改変後は、黒田老が心配した一〇億円当選者も出ている。初年度の売上げ六四二億円から始まり、近年は一一〇〇億円台。スタート時の倍にまで持ってこれないこのあたりで飽和状態という気もするが、問題はやはり助成事業費への配分比率だ。八二六億七〇〇〇万円を売り上げ、翌年一八〇億円を出せた時は、東日本大震災後の復興支援分を含めての特例的な数字だった。他年度で売上げの五分の一以上の助成金を出せたことは、一度もない。

五年目の〇五年からはインターネット販売が始まり、一〇年からはネットでの購入が五割を超えた。専門予想紙の「ｔｏｔｏＯＮＥ」（フロムワン）が紙の新聞を止めてウェブサイトに特化したのは、〇六年七月だった。創刊当時の予想陣の一人だった私は、電車内で隣の中年男性が自分の予想記事を読んでいるのに気づいてギョッとなった。黎明期の勢いを示す本当の話である。

「ｔｏｔｏＯＮＥ」では、最初の年が「小口寄付講座」、二年目には「セレブへの道」というひょうきんな連載タイトルを付けていた。ハイリスク・ハイリターンの方針のもと、なんとか一等を取ろうと頑張ってみたが、試験販売中の一等二四万円が最高額で、連載終了と同時に興味を失ってしまった。ＴＢＳラジオ「松尾雄治のピテカンワイド」にも電話出演をしていたが、こちらでも外しまくった。

「数字を選べる宝くじ」どころか、コンピュータがランダムに発券する非予想系のｔｏｔｏＢＩＧ（１００円ＢＩＧ、ＢＩＧ１０００、ｍｉｎｉＢＩＧ）が人気の今は、ますます面白味が感じられない。これは情熱や金銭欲の問題ではない。英国内でウイリアム・ヒルなどの凝りに凝った内容のベッティングを体験すると、もう、ｔｏｔｏなんか馬鹿馬鹿しくてと誰もがなる。ただそれだけの話である。あの頃の解禁派としての振る舞いは、文科省の指導監督によるサッカーくじが、競馬に始まる英国型スポーツベッティングのような免許制（民営）の端緒となるのを期待してのことだった。

トゥルシエの指導は今ならパワハラ

一九九八（平成一〇）年から二〇〇二年まで続いたトゥルシエの時代は、キャリア・ハイと言えるくらいのコラムを書きまくっていた。代表監督選びは、探す側の無策から難航し、漸くにしてフランス人フィリップ・トゥルシエ、四五歳が招かれた。W杯で南アフリカを率いた実績が決め手となった。

フランス文化・芸術びいきをフランコフィル（フランス狂）と言い、私も人後に落ちないそのタイプと言えた。ただ、当時はまだフランス人の多くがサッカーを軽視していた。知識層、上流層にあっては、差別的といってもよいくらいの扱いだった。パーティなどでサッカーの話をしようものなら、下層階級の慰みものの話なんて、という具合で周りから人が消えた。

その点で、通訳を引き受けていたフローラン・ダバディは違った。映画プロデューサーの父と有名女優カトリーヌ・ドヌーヴの交際を目の当たりにしてきた、高級住宅街パリ一六区育ち。出自の違うトゥルシエとダバディとは、補完関係にあった。自宅に遊びに来たこともあるダバディはナイスガイだったが、アフリカ・サッカー界で辛酸をなめてきたトゥルシエはメディア不信で凝《こ》り固まっていた。接近を許されたのは、フランス語堪能なサッカーアナリスト田村修一《しゅういち》ぐらいしか見当たらなかった。

感情の起伏が激しいトゥルシエは、ＪＦＡの第二機関誌と揶揄されることがあった「サッカーマガジン」の長期連載「ジャポンの冒険」を一方的に打ち切ったことがある。原因は、左に示す〇一年四月のアウェー、コルドバでの対スペイン戦（〇 - 一〈前半〇 - 〇〉）の寸評と採点にあった。

守りの組織を（実質、5バックで）再構築したが、特定の人間に負荷のかかるやり方は考えもの。疲労を考えた早目の交代もなく、終盤に攻めの駒を増やして勝負をかける積極さにも欠けた。選手たちは指示通りの働きをしただけに、采配に工夫があってもいい。

（「サッカーマガジン」二〇〇一年五月一六日号より）

採点は標準を「六」とする一〇点法での「五」。交代は、七九分に名波から明神。八三分、高原から西澤。八七分、中田ヒデから奥。九〇分、負傷の上村に中澤。そして九五分、伊東から鈴木。後半アディショナルタイムの失点は、自陣左サイドで中田浩二のミス・パスを奪われてから、きっかり四秒。MFムニティス（レアル・マドリード）のスルーパスに同期する縦への動きが効いた。一対一の決定的局面が現出し、GK川口も今度ばかりは止められない。MFバラハ（バレンシア）のシュートがゴールネットを揺らした。スペインの自宅から車を飛ばしてやって来たハンス・オフトが、その瞬間、奮然と席を立ったのを目撃している。トゥルシエの過剰反応は、試合前日にもスパークしていた。

「前日会見に、キャプテンを連れてこない理由は？」

聞いたのは私だった。

返答は、挑発性を帯びていた。「誰か挙げてみて下さい」と言い放ってからこう続けた。

「リーダーシップにかかわる問題と構造は日本社会に深くかかわり、非常に難しい、西洋で考えられるイメージのそれは日本では考えられない。このチームでは、キャプテンは私です。ゲーム・キャプテンの役割は、試合前に審判に挨拶して記念フラッグを交換するくらいのこと。先輩＝リーダーの方程式を私は認めていません。一番経験のある年長者をというのではよくない。リーダーは私の目で見た限り、日本の社会には存在していません。誰かいい人がいたら言って下さい。いないことが欠点だと言っているわけじゃないんです、今、言って下さい。理想像があるわけじゃないんです。だから誰かいい人を言って下さい。キャプテンの定義はなんですか、誰なんですか、理想の人は？」

言い募りに呆れたのは、むしろスペインのプレスだった。日本の報道陣はすでに免疫ができかけていた。

「それはあなたが決めればよいことだ」「日本人をなめてるのか」の反応を受けたトゥルシエはと言えば、

「あなたこそキャプテンだ」

「日本のプレスが大好きです。私を嫌いな人は立って下さい」で始まったこの馬鹿げた会見は、端《はな》から支離滅裂感が否めなかった。異文化摩擦での苦労話は、トゥルシエの外国メディアからの取材における定番。文化を「民族の魂」のように実態化してしまう愚を犯し続けた。

続くコンフェデ杯カナダ戦（新潟）でも、トゥルシエは牛のように向かってきた。とうとう自らの腕にキャプテンマークを巻いて会見場に現れ、挙げ句はテーブルの上で横臥してカメラマンの前でポーズを取る始末。キャプテン不要論の次に待っているのが、監督不要論であることを知らぬ振る舞いに呆れた。

日本語を半年でマスターするという来日時の壮言が空約束だったばかりかすれ違いざまに、いきなりタオルで選手の顔を引っぱたいたり、胸を小突くこともあったという。とても少年少女層には見せられない、ボールを選手の胸に投げつける究極手法（愛の鞭？）が目撃された際も、フィジカルコンタクトの指導ではなく「調教」なのではないかという声が出た。

「甘えの構造を断ち切った創造的破壊の西洋ヤクザ」（湯浅健二）、「人間の顔をした野蛮」（佐山）と評価が割れたが、ネットでは七割超の支持を集め、私自身が初炎上を体験したのもこの頃だった。今ならパワーハラスメントとして扱われること必至だし、当時の選手たちの口の堅さには感服するしかない。

物議をかもしたのは、W杯四戦目のトルコ戦でトゥルシエが勝っているチームのスタメンをいじったことだ。柳沢、鈴木の2トップを代えて、西澤明訓、三都主《サントス》アレサンドロ（アレックス）。ハーフタイムには稲本を市川大祐に代えている。しかもアレックスをFWの位置で起用したのも初めてのことだった。全ては柳沢の首の不調からという説が流れたが、伏線は前日会見にあった。「今までのフラット3のやり方と違うのではないか」「（無闇に守備ラインを上げなくなったのは）選手たちの自主的な判断によるものか？」と急所を突く問いを投げられ、にわかにまたトゥルシエは不機嫌になる。翌日のトルコ戦まで選手を怒鳴り散らしていたという。

河北新報
号外
日本、8強逃す
0－1でトルコに惜敗
日本―トルコ　前半、ユミトダバラ（右上）が右CKからヘディングで先制ゴールを決める
＝宮城スタジアム

平成14年６月１日、河北新報号外

トゥルシエについての当たり障りのない回想をその後、岡野会長（当時）が著書でしているが、もし、グループリーグ突破という目標が叶えられていなか

ったら一体何が残ったのか。足元を見られたＪＦＡが、「やらせてやる」から「やって下さい、お願いします」に豹変したのも情けない話だった。二〇〇二年以降トゥルシエはアフリカ、中東、中国などの三カ国、四クラブで指揮を執ったが、解任、降格、衝突ばかりが目立つ。日韓共催Ｗ杯での日本の初勝利は、トゥルシエ自身のＷ杯初勝利でもあり、監督歴のピークでもあった。

鄭夢準インタビューのリアル

日韓共催Ｗ杯の二カ月前に、鄭夢準《チョンモンジュン》インタビューが実現した。お膳立てをしてくれたのは、「スポーツ・グラフィック ナンバー」編集部だった。タイトルは、「韓日共催Ｗ杯に望むこと」。以下のリード文はその際のコンセプトそのものでもある。

Ｗ杯を機に新たな韓日関係を――誘致合戦の土壇場で共催を実現させたタフ・ネゴシエーターは、昨秋、自著（『日本人に伝えたい！』）を通じて日本人にこうメッセージを送った。ついに2カ月後に迫った本大会を氏はいかなる思いで待っているのか。韓国、サッカー、ＦＩＦＡを語る言葉にはその信念と野心があふれていた。

少し驚いたのは、当時50歳の大韓蹴球協会会長兼FIFA副会長の物腰と語り口の柔らかさだった。現代《ヒュンダイ》財閥の六男であるにもかかわらず、綺麗に磨かれていない靴の底には穴が空きかけていて、焙《ほう》じ茶を啜《すす》る様は話の分かるサッカー部の先輩という風情だった。留学先のMIT（マサチューセッツ工科大）大学院では、足球《チョックク》（サッカー）とアルペンスキーの選手でもあった。

インタビュー当時の鄭会長は、FIFA会長選への立候補だけではなく、大統領選への出馬も噂されていた。

この韓国と日本は、勝ち進めば決勝（横浜）ないしは三位決定戦（大邱《テグ》）で相見《あいまみ》える組み合わせだった。「もしそうなれば大統領選に、否、ベスト8でも機が熟するのでは？」と聞いた時の答えが以下だった。

実現すれば、出馬しなければダメでしょう。いや、実現すれば即出馬となります。ただ、私は個人的に言えば、サッカーは分離してやって行きたいと思っています。実際、サッカー協会の職員を政治のほうにかかわらせていないし、逆に政治のスタッフたちが協会

の仕事に携わるかというと、それもそうではない。いつも二つを区別しながら、考えてやって行きたいですね。

鄭はその後、ベスト4の戦績を背景に出馬を表明する。にもかかわらず、盧武鉉《ノムヒョン》（〇九年自殺）との候補者一本化に応じて、投票日前日に立候補を取り下げている。それから一三年が経った二〇一五年には、一八年（ロシア）、二二年（カタール）両W杯の招致活動時の規律違反によりFIFA倫理委員会から処分を受けている。六年の資格停止と、一〇万スイスフランの罰金処分を受けたが、最終的にはスポーツ仲裁裁判所から一五カ月の資格停止処分に軽減された。

インタビューで感じられたのは、日本人には希薄なアジアの一員意識と、国の興亡を一人の人間があからさまに背負うリアリティだった。

だが、それより何より、サッカーの魅力について聞いた際の回答が強い印象となって残っている。

サッカーというのは、庶民的かつ大衆的なスポーツです。と同時にサッカー専用スタジアムで試合を行なえば、いちばん高級なスポーツにもなります。魅力は色々あると思いますが、一つの特徴として言えることは、「サッカーはナショナリズムを食べて生きるスポーツ」と言えるでしょうね。とくに我々の国の場合は、その傾向が強いと思います。韓国（大韓帝国）は1910年に日本の（併合）植民地になり、それ以後はサッカーで日本に勝つことによって国威の発揚をして来ました。そうした歴史を私は分かり過ぎるぐらいに分かっています。韓国の経済規模は日本に比べて小さいし、プロ野球も日本に比べると小さいという事実は平気で許せても、サッカーだけは日本に絶対勝たなければいけないという気持ちがあります。それが韓国人というものなんですよ。

今も引っかかるのは、専用スタジアムで試合を行なえば、いちばん高級なスポーツにもなるという箇所だ。韓国は、七つもの専用スタジアムを造り、日本は、芝移動方式の札幌ドームを足しても、埼玉スタジアム二〇〇二と神戸ウイングスタジアムとでわずかに三。サッカー専用の豊田スタジアムは、開催地決定投票で新潟に敗れていた。結局日本代表の四試合中の最初の一試合だけが専用スタジアムだった。選手が遠すぎてよく見えない横浜国際総合競技場（総工費六〇三億円）の見辛さまでをも含めた先見性の乏しさを、私は「週刊文春」などで指摘したが、出来上がってからでは何もかもが遅かった。余談になるが、横浜国際総合競技場は市の元産業廃棄物処理場で、発がん性物資のダイオキシン、ＰＣＢが野放しであると「ニューズウィーク」日本版が報じた。

鄭会長のインタビューは、組み合わせ抽選会（釜山）の取材の時のようにわざわざ韓国に行かずに済んでいた。たまたま来日中の彼を追いかけ、少しずつ話を聞く格好になった。アポのドタキャンは頻発しても、代わりにドタ入りはＯＫという韓国式を習得したのもそのときだった。

記念グッズの数々

共催ワールドカップで現出したのは、サッカー本が特設コーナーに平積みされている書店の光景だけではなかった。当時のライセンス商品のいくつかを左に箇条書きしてみたい。

- **平山郁夫画伯作「記念メダル」木製ケース付き　三〇〇万円**
- **爪切りキーホルダー　四五〇円**
- **財務省造幣局刻印入り記念カード　三万八〇〇〇円**

・Wウイング式裁縫箱（国内全小学校のみの販売）
・小型弁当箱　四〇〇円
・メンズ長角弁当箱　一七〇〇円
・箸　三〇〇円
・おみくじキーホルダー　四五〇円
・横濱名物崎陽軒のシウマイ　一〇五〇円
・バンダナC柄　五〇〇円
・首から下げるパスケース　一二〇〇円　etc.

韓国側の記念グッズには、代表選手全員とフース・ヒディング監督のカラー写真&サインがプリントされたサッカーボール（中国製）があった。顔を蹴飛ばすことにもなるそうした発想は、日本にないものだった。ＦＩＦＡが押しつけてきた公式マスコット・トリオ、キャズ、アトー、ニックの不人気ぶりも、アニメ大国・日本に喧嘩を売るような企画で失笑を買った。

大会期間中は、審判技術の低下、バイロム社の不手際によるチケット印刷の遅れと海外セールスの販売失敗問題、テレビ観戦熱による飲食店不況、物価高に起因する来日観光客数の伸び悩みなどが報道された。フーリガン対策が首尾上々だった割に称賛されないのは、少し意外だった。もっとも、日本の警備当局が特に警戒していたのは、ベッカムに突進するミーハー・ファンによる将棋倒しのような事態。これを私はウケないのを承知で、日本ならではの〝エンタメ・フーリガニズム〟と名づけた。

家から通えるワールドカップ

大会のあった二〇〇二年の前半は、サッカー本中心の朝日新聞書評連載、取材受け、シンポジウムに東京新聞での観戦記と無闇に忙しかったが、日本の各開催地を飛び回った大会期間中の日記を当たると、現実感の乏しさをしきりに綴っている。テレビの視聴環境が劇的に向上したことも驚きだった。「スカパー!」は試合を四〜五チャンネル体制で放映し、自宅観戦のほうがよほど臨場感がある逆説的事態を出来《しゅったい》させた。東京新聞主催のシンポジウムで、「時差を作ってくれれば、もっと盛り上がる」と言って笑いを取ったのはエッセイストの泉麻人《いずみあさと》だったが、その無いものねだり感には共感できるものがあった。イングランドの応援が、どこか甲子園大会の蛮カラ・スタイルと似ていることも一つの発見だった。「家から通えるワールドカップ」は、非日常の中の日常感覚とでも言うべき不思議な体験だった。

ワールドカップ一色の日々は、戦時下の国家総動員体制とそこはかとなくつながる。日本の初戦、対ベルギー戦（六月四日）直前に、編隊を組んだ自衛隊機が埼玉スタジアムの真上を超低空飛行で横切った時も気分がよくなかった。前ぶれもなく鉈《なた》を眼前でふるわれたような厭な感じがしたからだ。ヘソを曲げたくなった私は大会終了後に、「あなたを見たかった！ベスト・イレブン」を選んで連載企画「2001－2002　極私的サッカー日本代表観戦レポート」（「月刊プレイボーイ」）の掉尾《ちょうび》を飾ることにした。ケガ（カニサレス、エメルソン、ジダン、ピレス）、予選落ち（ファンデルサール、デブール、シェフチェンコ）、内紛（キーン、ザホビッチ）などで見ることのできなかった選手の中には、大会直前にエコノミークラス症候群を発症した高原直泰もいた。

この頃のテクストで思い出深いものは、用語の再定義を試みた「身体能力というオブセッション」（「スポーツ・グラフィック ナンバー」二〇〇一年六月一四日号）だった。対戦成績で大きく勝ち越しているにもかかわらず、今も昔もアフリカ勢とのビッグゲームの前に必ず出てくるのが、身体能力（＝強迫観念《オブセッション》）なのである。超越性を感じさせるその言葉は、日本選手の技術、センス、判断の速さをスピード、バネ、パワーで消し去る能力ということでもある。「身長、体重の優位性だけならそれは身体資源ということになるけど、複合的要素が含まれているからプラスαのところは測り切れない」と語ってくれたのは、菅野淳《かんのあつし》（ジュビロ磐田フィジカルコーチ）だった。このテーマでのまとめは、弱気の虫と身体能力とが背中合わせになっているることにまず気づき、必ずある対処の仕方を楽しめるくらいになれ、というものだった。つまりは、日本独自の武器を最高レベルの敏捷性とコンディショニングを基本にして探す。これに尽きた。

日韓共催の総括

ジーコと生年月日の近い私は、とうの昔に若い選手との世代ギャップを感じていた。となれば当然、関心は別の方向に移って行く。「サッカーマガジン」の連載コラムでは、人間や人生の本質をとらえようとする連載人物コラム「僕の蹴球殿堂」に傾注していた。日本代表キャップ数が「一」しかない元選手が出るかと思えば、ゴールポスト製造会社の社長が出たりで、最終回の四七人目を元祖ブラジル留学組の水島武蔵《むさし》（当時四二歳）で締めた。

この連載で私は、「大河の源流の一滴」と題して村田忠男のことを書いている。ワールドカップ日本招致の発案者は、二〇〇九（平成二一）年に鬼籍に入られたが、話を聞いた〇三年当時は兵庫県協会会長とＩＮＡＳ ＦＩＤ（国際知的障害者〈ＩＤクラス〉スポーツ連盟）フットボール・テクニカルディレクターという肩書きだった。「日本サッカー協会特別顧問」は添え物のように見えた。元の付くそれにはＪＦＡ副会長とＪＡＷＯＣ（二〇〇二年ワールドカップ日本組織委員会）競技運営局長の二つがあった。気の毒だったのは、九四年五月の一件だ。ＡＦＣ（アジア連盟）総会で鄭がＦＩＦＡ副会長に当選し、村田は落選の憂き目に遭った。投票直前にクウェート側から、のちに一票差で鄭に敗れる自国の候補に票を回せと持ちかけられる。しかし村田はそれを断った。そして半年後、屈辱の引責降格。ＪＡＷＯＣ事務局長とＪＦＡ副会長の座を失う。しかもメディアのほとんどが体制立て直しの好機とばかりに同調し、贖罪の山羊にさせられた村田の言い分が活字になることはなかった。

神戸出身の村田は、どこまでもリベラルだった。

「選挙で負けたことなんて、どうってことない。ワールドカップの試合で負けたわけじゃないんだから。ただ、韓国との関係は喧嘩しながらでもやはり心に引っかかるものがありますよね。アラブと組んでよその国を落とすならまだしも、隣の韓国と喧嘩することに僕は物凄い抵抗があった」

二〇〇一年一一月にはソウルで講演し、財界人の集まりである日韓・韓日委員会の席上で、こう述べたという。

「どうやったらうまくいくかなんて考える必要はない。お互い一所懸命やれば、凄くうまくいくはずだし、これは日韓の先祖の願いとしか思えない。韓国側は最初全然立候補する気がなく、しかもドーハの最終予選で日本に負けて三回連続の出場が危うくなっていた。ところが日本がロスタイムの失点でイラクと引き分けて出場権を得たら、元気を取り戻して、やるぞと言い出した。だけど、そんな一連の流れは計って作られたもんじゃない。日韓の先祖がどうしても一緒にうまくやってくれと思っているから、それが願いとして表れたのではないか。だから何も心配することはない、大変良い結果になりますよ」

この時代は、『冬のソナタ』に端を発する空前の韓流ブームのとば口でもあった。村田は将来の友好発展に取り組む基準が、共催によってできたことを素直に喜んでいた。世界的な右傾化が始まるなどとは思ってもいなかったフシがある。私はこのとき、少しだけ食い下がっている。

「ということは、双方永久に単独開催は不可能ということでもありますね」と。以下は、生前の村田の炯眼《けいがん》を示す忘れがたい言の葉である。

「もう一度あのような（過熱した）招致活動を繰り返すのは愚の骨頂——と言っても、決め手はなかなか見つからない。もしあったとしても、今それを言うと、手の内を見せることになってしまう。アジア開催なら他の国も出てくる可能性があるし、情勢だってどう変わるか分からない。いつでもやれる準備をしておいて、そのときの当事者の英知に任せるしかないでしょう」

ジーコ時代のまったり感

論陣を張るほど強いものではなかったが、日本代表監督を外国人→外国人と続ける思考停止に私は反対だった。賛成しているのは、ＪＦＡ会長を外国人に頼むことだと言うと、必ず微妙な笑いをとれるというのも不思議な話だが。ただ、すでにＪリーグでの監督経験者は、日本人だけで七〇人を超えていた。監督組合のような互助組織が仮にあれば、雇用機会を連続して奪われる事態に異を唱える動きが出てもおかしくないはずだった。去勢された代表監督予備軍は、帆待《ほま》ち仕事さながらに良風が自分に吹くのを待つだけの印象だ。狂気をはらんだトゥルシエのハングリー精神が懐かしくなるのは、大抵そんなときである。脅迫電話に悩まされた岡田武史が大変な仕事であるのを強調し過ぎることも、自国民監督を遠避ける風潮を後押しした。

そうした懸念とは対照的に、ジーコ時代は実にまったりした時代だった。兄のエドゥをアシスタントコーチに据えての古色蒼然たるシュート練習を見て、六〇年代の中高サッカー部の練習を思い出すことすらあった。最終予選における軽めの前日練習では、そのエドゥがなぜか写真撮影を続ける始末。目的を聞いてもらうと、「ブラジルで写真展をしたいから」という答えが人づてに返ってきて私は呆れた。話し合い任せの放任主義でも良い結果が出ていたところに、この時代の落とし穴があった。

しかし、何より驚いたのは最終予選、対イラン戦前日のとある光景だった。苦労してたどり着いたテヘランのホテルで我が目を疑った。ロビーの壁に貼ってあったのは、日本語で書かれたきめ細やかなスケジュール。メディアのために協会が至れり尽くせりの取材ツアーを手配していたのだ。しかもホテルの前には、大きな送迎バスが横着けされていた。代金を払って無理矢理乗せてもらってまた驚いた。「あ～あ、早く終わらねえかな。酒も飲めない国になんか、いたくねえよ」と問わず語りにぼやく若い報道関係者がいたからだ。

Jリーグ発足からわずか一〇余年で、よくもここまで緊張感が薄れたものと再び呆れ果てた。対戦相手だった中東、バーレーンのドイツ人監督が日本を〈サッカー大国〉と評して虚を突かれたのも二〇〇五年のことだった。アジア連盟の出場枠は、「四・五」にまで増えていた。もつれにもつれて、プレーオフでの韓国対日本戦が実現し、更には北中米・カリブ連盟所属の六チーム中四位との大陸間プレーオフが見たいと言い放つ〝物語欲望派〟がぽつぽつ出始めたのもこの頃だった。

終章——代表バブルから遠く離れて

二〇〇七年 - 二〇一八年

第一六節　起承転結の完成と新たな起点の模索

オシム倒れ、困ったときの岡田頼み

「その（反町康治監督）スーパーバイザー的な総監督という立場でオシムが……オシムじゃない。次期監督が……弱っちゃったね。俺、オシムって言っちゃったね。話の流れで、つい……」

この発言がジェフユナイテッド市原（現・千葉）のサポーターを怒らせた。発言の主は、同クラブ（旧・古河電工）ＯＢの川淵三郎ＪＦＡ会長だった。二〇〇六（平成一八）年六月二四日のＷ杯帰国会見の席上、次期代表監督の名を口を滑らせるかたちで告知するという手のこんだ手法を、六九歳になった彼は身につけていた。巧遅は拙速に如《し》かず。代表監督選びに時間をかければかけるほど、ジーコを任命した者への責任論は強まる。しかし、旧古河人脈を使っての強引な引き抜き手法への賛意は少なく、八月九日の川淵解任デモにまで発展した。

批判の声はやがて消えた。新代表監督が六五歳という年齢にもかかわらず、メディアジェニックだったからである。ボスニア・ヘルツェゴビナ国籍のイヴィツァ・オシムは、二〇〇三年にジェフの監督に招聘されて以来、斬新な手法でチーム力を積み上げ、〇五年にはＪリーグヤマザキナビスコカップでクラブ史上初のリーグ杯を掲げた。旧ユーゴ代表を率い、九〇年イタリアＷ杯でのベスト８という戦歴もあり、年齢・健康面を除けば間違いの少なそうな後任だった。

　ユーゴスラビア情勢が悪化して行く中、オシム率いるユーゴスラビア代表は一九九二年欧州選手権予選を通過する。ところがその後、ボスニア・ヘルツェゴビナに連邦離脱をされたユーゴ軍がサラエヴォに侵攻。オシムは三年以上にわたるユーゴ解体の渦中で、兼任していたパルチザン・ベオグラードと代表チームの監督を辞任する。

　死者二〇万人、難民・避難民二〇〇万人が発生する苛烈な世界史の現場を生きてきたオシムは、元数学教師。含蓄に富む哲学的発言は、選手のみならずジャーナリストまでもを魅了した。木村《きむら》元彦《ゆきひこ》による『オシムの言葉』（集英社インターナショナル、二〇〇五年）は四〇万部のベストセラーになるが、何よりオシム自身が、優れたジャーナリストとしての資質を兼備していた。

　二〇〇六年夏に新生日本代表は始動する。

翌年七月に行なわれたAFCアジアカップは、史上初となるタイ、マレーシア、ベトナム、インドネシアの四カ国共同開催。日本は、MF中村俊輔、遠藤保仁、FW巻《まき》誠一郎らの活躍で準決勝に進むが、ハノイ、ミーディン国立競技場で、サウジアラビアに二 - 三（前半一 - 二）で敗れてしまう。インドネシア、パレンバンでの三位決定戦でも、韓国に〇 - 〇からのPK戦で敗れ、大会三連覇はならず四位に終わった。

オシムは三カ月半後の、二〇〇七年一一月一六日金曜に脳梗塞を発症した。ようやく一命を取り留めたものの、回復後は協会アドバイザーとなり、〇八年からは、岡田武史（当時五一歳）が一月からの予選に備えて代表監督に再度就任した。結果だけを見れば、二〇〇四年アテネ五輪（山本昌邦監督でグループリーグ最下位敗退）メンバーのSB駒野友二、MF阿部勇樹、今野泰幸らの入ったアジアカップでのベスト4が、オシム時代の主たる戦績だった。一年半にも満たないオシムの通算戦績は、一二勝五分け三敗だった。

岡田ジャパンの苦難

四・五のアジア連盟枠をなんとか維持できた南アフリカW杯アジア最終予選で、岡田監督率いる代表チームは三次予選からのスタート。オマーン、タイを退け、四勝一分け一敗で、二位通過のバーレーンとともに、二〇〇八（平成二〇）年九月からの最終予選に進む。

代表チームの主力を成すアテネ五輪世代と北京五輪世代は、黄金世代の集結したジーコ時代とは違い「谷間の世代」扱い。岡田は、選手選考に頭を悩ませる。三四歳のベテランGK（楢﨑、川口）、DF中澤佑二（三二歳、主将）、MF中村俊輔（三一歳）、稲本潤一（三〇歳）、遠藤保仁（同）、FW玉田圭二（同）らが残り、二五歳以下の〝年少組〟には、GK川島永嗣《えいじ》（二五歳）、SB内田篤人（二二歳）、長友佑都（二三歳）、MF本田圭佑（同）、FW岡崎慎司（二四歳）らがいた。中田英寿はすでにジーコ時代の最終戦で、ドラマチックに引退していた。主要世界大会のすべてでゴールを挙げた、ただ一人の日本人選手の早過ぎる二九歳での引退だった。

最終予選での日本は、歴代最強と目されたオーストラリア、バーレーン、ウズベキスタン、カタールの入るグループAに属した。四大会連続出場までの道はそれなりに険しかったが、二〇〇九年六月六日、ウズベキスタンの首都タシュケント、パフタコール・スタジアムでの結果は、一-〇（前半一-〇）。日本代表は、残り二試合を残して出場権を得た。

戦績は、四勝三分け一敗。最終戦で敗れたオーストラリアに次ぐ二位進出だった。ゴーラーは、MF中村俊輔、遠藤、中村憲剛《けんご》、FW玉田、田中達也、CB田中マルクス闘莉王《トゥーリオ》、F

W岡崎の7人だった。

しかしそこから先が問題だった。W杯イヤーの二月上旬に始まった東アジア選手権（日本開催）では、中国とスコアレスの引き分け、韓国には一－三（前半一－二）で完敗。三位に終わる。

代表チームは、四月以降の国内テストマッチでも苦しいたたかいが続く。本番でのベスト4入りを岡田監督が目標としたにもかかわらず、セルビア（〇－三〈前半〇－二〉）、韓国（〇－二〈前半〇－一〉）とギアが上がらない。離日後の直前合宿期間中に初めて阿部勇樹を四－五－一のアンカーに据え、イングランド戦は（一－二〈前半一－〇〉）。ようやく改善の手がかりを掴むが、本番一〇日前でも、コートジボワールに（〇－二〈前半〇－一〉）で敗れ、岡田批判は鳴り止まなかった。岡田は、キャプテンに中間年齢層のMF長谷部《はせべ》誠《まこと》（当時二六歳）を指名し、覚悟を決める。

「岡ちゃん、ごめんね」情況

ワールドカップ本番の初戦は、カメルーン。南ア中部の司法首都ブルームフォンテーン、フリー・ステイト・スタジアムで六月一四日月曜、午後四時に開始された。ブンブン五月蝿《うるさ》いブブゼラが鳴る中、三九分、ワントップを任された本田がＦＫから無回転で落ちる球をゴール左隅に決め、試合はそのまま一‐〇（前半一‐〇）で終了。自国開催以外でのＷ杯初勝利ということもあり、岡田株は急騰した。

中四日、午後一時半からのダーバン、モーゼス・マヒダ・スタジアムでの対戦相手は、グループＥ最強と目されたオランダ。抽選会で岡田に歯牙にもかけない態度を見せたベルト・ファン・マルワイク監督にひと泡吹かせたいところだったが、ＭＦスナイデルのゴールが五三分に決まり、〇‐一（前半〇‐〇）で敗れる。

決勝トーナメント進出を懸けた五日後、六月二四日夜八時半開始のデンマーク戦は、北西部のルステンブルク、ロイヤル・バフォケン・スタジアムでキックオフされた。引き分け以上でも一六強入り可能な日本は、一七分に本田、三〇分にはＦＫを遠藤が直接決め、後半へ。後半三六分に、セカンドストライカーのトマソンのゴールを許すが、六分後にＦＷ岡崎が突き放すゴールを決めて三‐一（前半二‐〇）で終了。国外Ｗ杯では初めての決勝トーナメント入りを果たし、日本国中が沸いた。この「岡ちゃん、ごめんね」情況の出来に、全敗予想を掲げていた釜本、セルジオ越後らは面目を失った。

「民意」のみならず「有識者」までもを巻き込む究極の手のひら返し情況が発生する中、代表チームは再びベースキャンプを張る西ケープ州のリゾート地、ジョージに移動する。中四日、首都プレトリア、ロフタス・ヴァースフェルド・スタジアム、六月二九日午後四時からのノックアウト・ラウンドで、日本は、守備力に長けるF組一位のパラグアイと対戦。八強入りを懸けたこの試合は、一二〇分が経過しても双方ノーゴール。PK戦で三人目の駒野友一が右ポストに当て、五‐三で涙を呑んだ。

ピッチを走ったのは、以下の一四人だった。

GK川島永嗣（川崎F）、DF駒野友一（磐田）、中澤佑二（横浜FM）、田中マルクス闘莉王（名古屋）、長友佑都（FC東京）、MF阿部勇樹（浦和）→中村憲剛（川崎F）、長谷部誠（ヴォルフスブルク）、遠藤保仁（G大阪）、松井大輔（トム・トムスク）→岡崎慎司（清水）、大久保嘉人（神戸）→玉田圭司（名古屋）、FW本田圭佑（CSKAモスクワ）。

治安最悪と懸念された大会はスペインの初優勝に終わり、期待値の低かった日本代表チームは、一九九八（平成一〇）年フランス大会のときとは打って変わり、成田空港で変身ヒーローのように迎えられた。ベスト一六で終わりながらも、総合勝ち点順位はチリ、ポルトガル、イングランド、メキシコを上回る歴代最高の三六カ国中九位だった。

震災とサッカー

戦前戦後を通じて最高の結果を残した、第三一代日本代表監督は引き留めを拒み、日本A代表の監督にはイタリア人新監督アルベルト・ザッケローニ、当時五七歳が就任した。国際大会での優勝もワールドカップでの采配も未体験だったが、名門クラブでの更迭、解任、急遽就任のループを生きてきた攻撃重視の監督という鞄の中身は、日本人好みと言えた。サッカー監督には珍しい温厚な人柄のザックのもと、代表チームは、年明け二〇一一（平成二三）年のアジアカップ（カタール）に臨むことになった。

二－二（前半一－一、後半〇－〇、延長前半一－〇、延長後半〇－一）と延長アディショナルタイムまでまでもつれた準決勝、対韓国戦はＰＫ戦（三－〇）で勝利。一月二九日のオーストラリア戦も、九八分に交代出場したＦＷ李忠成の見事な左足ボレーが一〇九分に決まり、一－〇（前半〇－〇、後半〇－〇、延長前半〇－〇、延長後半一－〇）。日本は、アジアサッカー史上最多となる四度目の優勝を飾った。

一九九五年の一・一七（阪神・淡路大震災）の際は、ＪＦＬ時代のヴィッセル神戸がチーム名を改称して始動するまさにその日という皮肉な事態となった。だが、三・一一東日本大震災の惨禍は更にそれを上回り、Ｊリーグも大打撃を被《こうむ》る。翌一二日土曜、一三日日曜のＪ

1、J2全試合は即断で中止になり、ベガルタ仙台、鹿島アントラーズ、水戸ホーリーホックの活動が休止となった。ホームスタジアムの損壊もただ事ではなかった。AFCチャンピオンズリーグ、実質三部リーグのJFL、女子サッカーリーグの開幕などが次々に延期となり、東京電力女子サッカー部TEPCOマリーゼは、震災が廃部のきっかけとなってしまう。

東京電力におんぶに抱っこのかたちで設立された、ナショナルトレーニングセンター「Jヴィレッジ」（福島県双葉《ふたば》郡広野町《ひろのまち》／楢葉町《ならはまち》）は、四日後から福島第一原発（フクイチ）の事故収束に向けての前線基地となり、JFAアカデミー福島の一時移転ともどもサッカー関係者のすべてを唖然とさせた。背筋が凍るような東日本難民化の事態を奇跡的に逃れ、Jリーグが再開したのは四三日後、四月二三日土曜のことだった。

代表チームの活動にも影響が生じた。三月下旬のテストマッチ二試合が中止となり、七月上旬からの南米選手権コパ・アメリカ・アルゼンチン大会への出場辞退を余儀なくされた。

女子W杯初優勝

禍福は糾《あざな》える縄の如しとは、たしかによく言ったものである。

二〇一一（平成二三）年七月一七日日曜、ドイツ・フランクフルト、ワールドカップスタジアムで日本女子代表が、アメリカを二‐二（前半〇‐〇、後半一‐一、延長前半〇‐一、延長後半一‐〇）からのＰＫ戦（三‐一）で破り、女子Ｗ杯初優勝を成し遂げた。

ニュージーランド（二‐一〈前半一‐一〉）、メキシコ（四‐〇〈前半三‐〇〉）、イングランド（〇‐二〈前半〇‐一〉）の三戦をグループリーグでたたかったあと、準々決勝では、前回女王のドイツを（一‐〇〈前半〇‐〇、後半〇‐〇、延長前半〇‐〇、延長後半〇‐一〉）で退け、準決勝でもスウェーデン（三‐一〈前半一‐一〉）を下す全二一日間のたたかいだった。

優勝メンバーは、ＧＫ海堀《かいほり》あゆみ（ＩＮＡＣ神戸）、ＤＦ近賀《きんが》ゆかり（ＩＮＡＣ神戸）、岩清水《いわしみず》梓《あずさ》（日テレ）、熊谷紗希（浦和）、鮫島彩（ボストン）、ＭＦ阪口《さかぐち》夢穂《みずほ》（新潟）、澤《さわ》穂希《ほまれ》（ＩＮＡＣ神戸）、大野忍《しのぶ》（ＩＮＡＣ神戸）→丸山桂里奈《かりな》（千葉、ＦＷ）→岩渕真奈（日テレ）、宮間あや（岡山湯郷）、ＦＷ安藤梢《こずえ》（デュースブルク）→永里《ながさと》優季《ゆうき》（ポツダム）、川澄《かわすみ》奈穂美《なほみ》（ＩＮＡＣ神戸）――の一四名。

後にも先にもない登攀《とうはん》の成功に日本中が祝勝ムードに包まれ、お祭り騒ぎの規模としては、一九九七（平成九）年一一月一六日に男子代表がワールドカップ出場権を得た、「ジョホールバルの歓喜」に勝るほどだった。

「なでしこジャパン」が愛称の平均年齢二五歳のチームを束ねた、この二〇〇一年ＦＩＦＡ

女子W杯ドイツ大会の優勝監督佐々木則夫は、当時五三歳。なでしこ＝ヤマトナデシコ（カワラナデシコ）の花言葉は、戦前の理想の女性像にマッチした可憐・貞節。時代錯誤なチーム美称とは不似合いな快挙だった。

ロンドン五輪、四四年ぶりの四強と反日問題

一歩前進を遂げたサッカー界は再び上げ潮ムードとなり、関塚隆《せきづかたかし》五輪代表監督（当時五一歳）が率いる二〇一二（平成二四）年ロンドン五輪に対しても期待がふくらんだ。早大出身の関塚は、JSL本田技研で八四年にブレイクした元FW。代表選手歴はなかったが、鹿島で監督代行を経験し、J2で川崎フロンターレを優勝させていた。J1昇格後の〇六年、〇九年シーズンでは、同クラブを二位にまで上げたプライムムーバーだった。

二〇一一年六月下旬に始まったアジア二次予選でU22日本代表は、クウェートとの二戦を得失点差でかわし、九月から三月までの最終予選へと進む。グループCに入った日本は、マレーシア、バーレーン、シリアとのホーム＆アウェーのたたかいを五勝一敗で勝ち抜き、アジアの「三・五」枠に韓国、UAEとともに入る。A代表の監督と比べれば格段に低い報酬額での五度連続の五輪出場権獲得は、当然のノルマにまでなっていた。予選でのゴーラーは、

清武弘嗣《きよたけひろし》（二点）、濱田水輝《はまだみずき》、大迫勇也《おおさこゆうや》（二点）、酒井宏樹（二点）、東慶悟《ひがしけいご》（二点）、山崎亮平、大津祐樹（二点）、永井謙佑《けんすけ》、原口元気、齋藤学、扇原《おうぎはら》貴宏ら一一人だった。

五輪本番は、二〇一二年七月二六日に始まった。グループＤに入った日本の試合会場は、初戦がスコットランド代表のホームスタジアムでもあるグラスゴー、ハムデン・パーク。次いで、ニューカッスル・ユナイテッドＦＣの本拠地である、セント・ジェームズ・パーク、そしてコヴェントリ・シティＦＣが使うシティ・オブ・コベントリー・スタジアム（リコー・アリーナ）と雰囲気の良い試合環境でたたかうことになった。

結果は、難しい試合になることが予想された初戦スペイン戦をＦＷ大津祐樹のゴールで、一-〇（前半一-〇）。これが、一ゴールも挙げられずに帰国するスペイン敗退の序曲となった。この試合には、ＭＦ／ＦＷファン・マタ（オーバーエイジ枠／当時チェルシー）、左ＳＢのジョルディ・アルバ（バルセロナ）、ＭＦハビ・マルティネス（アスレチック・ビルバオ）らが出場していた。

オリンピックは出て当然の時代になると、「奇跡」の乱発は、さすがに控えられた。中二日で臨んだモロッコ戦も、後半三九分、俊足ＦＷ永井謙佑の均衡を破る決勝点で一-〇（前半〇-〇）。日本はその段階で八強入りに成功し、準々決勝進出を決めてしまう。

五輪代表は、続くホンジュラス戦を〇‐〇で引き分けて、一位進出。三日後の八月四日、舞台をマンチェスター・ユナイテッドの本拠地、オールド・トラッフォードに移し、一二時キックオフのエジプト戦に臨んだ。この準々決勝も永井、CB吉田麻也《まや》（オーバーエイジ枠）、大津の三ゴールによって三‐〇（前半一‐〇）で下し、日本五輪代表は準決勝メキシコ戦へと駒を進める。ロンドンの聖地、ウェンブリー・スタジアムでの試合は加茂周監督時代の対イングランド戦以来のことだった。

勝てば、一九六八年メキシコシティ五輪以来、実に四四年、一一大会ぶりのメダル獲得。それも「銀」以上という千載一遇の好機が八月七日火曜に訪れた。振り返れば、あのときの三位決定戦の相手もメキシコだった。しかし、「青銅（ブロンズメダル）時代」に別れを告げられるまたとないチャンスを日本は逃してしまう。一二分の大津の先制ゴールも空しく、三一分にMFファビアンのゴールで追いつかれ、後半も二〇分にCF《センターフォワード》ペラルタ、アディショナルタイムには、MFコルテスにダメを押され、一‐三（前半一‐一）で試合が決した。

中二日ペースの五試合目で疲弊している日本は、三日後の八月一〇日、カーディフ、ミレニアム・スタジアムでの三位決定戦で、洪明甫《ホンミョンボ》監督の韓国と対戦する。

またとない好機だったにもかかわらず、日本は、〇‐二（前半〇‐一）で試合を落とし四位

に終わる。だが、終了後も試合は終わらない。MF朴鐘佑《パクチョンウ》（当時、釜山アイパーク）の偶発的政治パフォーマンスが物議をかもしたからだ。ピッチ上で掲げられたメッセージ、「독도는 우리 땅（独島はわれわれの領土）」は、竹島（韓国名・独島）の韓国領有を主張するプラカードだった。

メダル獲得により兵役免除となった朴に、式典も宣伝も禁止された上での銅メダルが贈られたのは、翌一三年二月。五輪憲章第五〇条三項違反の対象となった韓国五輪委員会と朴には、IOCからの「強い警告」が下された。

五大会連続五回目のW杯出場を決める

その一方、戦後最悪の年であった二〇一一年にもかかわらず、ザックの代表チームは始動から無敗で一六試合をたたかっていた。それが途絶えたのは、同年一一月一五日のブラジルW杯アジア三次予選、アウェーでの北朝鮮戦（〇‐一〈前半〇‐〇〉）だった。携帯電話、国旗禁止の協会公式ツアーの参加者は、わずか五五人。メディア関係者のほとんどが不許可となった秘境ツアーさながらの異様な「完全敵地」状況に、怖いもの見たさ的関心が高まった。

すでに日本は最終四次予選進出を決め、北朝鮮も敗退が決まっていた。そのため中三日でたたから厳しいアウェー連戦となっていたが、北朝鮮代表のモチベーションは高かった。一九七五（昭和五〇）年の初対戦からこのアウェー敗戦までの通算戦績は、日本の八勝四分け七敗。しかし日本は二二年ぶりの平壌で、アウェー通算戦績を二敗二分けと、悪化させた。

アジア三次予選C組での対戦国は、北朝鮮以外にウズベキスタンとタジキスタンだった。首位通過は、ホームで日本を破ったウズベキスタンだった。

最終四次予選は、二〇一二年六月三日から一三年六月一八日までの長丁場で実施された。オマーン、ヨルダン、オーストラリア、イラクと組み込まれたB組での八試合は、ホーム埼玉での連戦で幕を開ける。初戦オマーンには、三‐〇（前半一‐〇）。続くヨルダン戦は本田圭佑のハットトリックもあり、六‐〇（前半四‐〇）。六月、三戦目のアウェー、ブリスベンでのオーストラリア戦は、一‐一（前半〇‐〇）に終わるが、九月のホーム、イラク戦はFW前田遼一の前半のゴールを守り一‐〇（前半一‐〇）。日本は、オーストラリアを尻目に二〇一二年の最終戦となる一一月のアウェー、オマーン戦に乗り込み、二‐一（前半一‐〇）で出場権獲得に王手をかけ、残り三試合を残すだけとなる。オマーン戦でゴールを決めたのは、MF清武弘嗣とFW岡崎だった。

年が明けて、二〇一三年三月のアウェー、ヨルダン戦では、香川真司のゴールはあったが、遠藤のＰＫが阻まれ、一-二（前半〇-一）で最終予選初の黒星を喫してしまう。あと二試合を残すだけとなった六月上旬の連戦は、引き分け以上で出場権を得られるいやが上にも盛り上がる状況。ところが、埼玉でのオーストラリア戦は前半を終えてスコアレスのまま。後半三七分にクロスが直接入る不運な先制ゴールを奪われたが、終了間際のＰＫを土壇場で本田が決め、突破条件を満たす一-一（前半〇-〇）の引き分け。ザック率いる代表チームは、五大会連続五回目の出場を決めた。最終的には、五勝二分け一敗での首位通過だった。日本代表はコンフェデレーションズカップのために、このあとすぐ、ブラジルに向かう。

翌年に控えたW杯本番のための予行演習は、ブラジル〇-三（前半〇-二）、イタリア三-四（前半二-一）、メキシコ一-二（前半〇-〇）に終わる。その三試合では、本田（ＰＫ）、香川で二点先取してひっくり返されたレシェフェ、アレナ・ペルナンブーコでのイタリア戦が問題視された。一年後、その地レシェフェで、日本代表が大事な初戦を同じような得点経過で落とす前ぶれのような試合だった。コンフェデ杯決勝でたたかわれたブラジル対スペイン戦は、三-〇（前半二-〇）でブラジルの圧勝に終わった。

ブラジルW杯の惨敗は必然だった

若手で臨んだ翌月の東アジアカップ（韓国）は、中国と引き分けるも、オーストラリア、韓国に連勝し、日本の優勝に終わる。一〇月の東欧遠征では、セルビア、ベラルーシに連敗するが、翌月ベルギーでたたかわれた対オランダ、対ベルギー戦以降は、次第に調子を上げ、本田、岡崎、香川が得点を重ねた。このチームは一年前の一〇月一二日夜、パリのスタッド・ドゥ・フランスでフランス代表に圧倒的劣勢ながらも、後半四三分、香川のゴールによる一‐〇（前半〇‐〇）のアップセットを演じてもいた。

日本代表は、鹿児島県・指宿《いぶすき》でのいまだ謎とされる走り込み中心のハードトレーニング後、米国・フロリダに移動する。六月初旬のタンパでのテストマッチでコスタリカ、ザンビアに連勝し、のちに物議を醸《かも》すことになるブラジル南東部のサンパウロ州イトゥー（海抜五八三メートルで冷涼）にベースキャンプを張る。W杯初戦第二戦の行なわれる都市からは移動距離が長く、スポンサーシップ契約を結ぶキリン関連の工場があることも選定へのバイアスとして疑われた。

迎えた二〇一四（平成二六）年ブラジルW杯での初戦は、アフリカ予選を無敗で突破したコートジボワールだった。開始は六月一四日土曜夜一〇時。北部熱帯圏のレシェフェ、アレナ・ペルナンブーコで、日本は、一六分、フリーキックからの本田のゴールで先制しながらも、後半一九分と二一分に立て続け決められ、一‐二（前半一‐〇）で手痛い敗北を喫する。引き分け以上を求められるW杯初戦の重要性については、サッカー大衆のほとんどがすでに三度の晴れ舞台で学習済みだった。日本はもう極東の部外者ではなかった。にもかかわらず、長谷部、本田、香川らの調子が依然として上がらない。攻撃のリズムを創るはずの遠藤に至っては後半交代出場という有様だった。気温二六度、湿度七七パーセント、南アW杯のときとは違う常識はずれの前日現地入りがザックの方針だった。

必勝態勢で臨んだ二戦目は、欧州予選プレーオフ進出のギリシャ。中四日となる一九日夜七時にキックオフされたナタール、アレーナ・ダス・ドゥーナスの気温は二九度、湿度は六五パーセント。結果は〇‐〇だった。

追い詰められた日本は、グループC最強のコロンビアと二四日夕方四時、クイアバ、アレーナ・バンタナールでの三戦目でワントップの大久保を中心に最後の力をふりしぼる。疲弊した代表チームは、同時刻に始まるギリシャ対コートジボワール戦の結果次第という苦しい状況に立たされていた。仮に大差をつけて勝っても、コートジボワールが勝てばそれでおしまいという窮地だった。試合は、気温三一度、湿度三〇パーセントの中、いきなり一七分にカウンターからのPKで先制される苦しい展開となったが、アディショナルタイムに岡崎の得点で追いつき後半に入る。だが、コンディション調整に失敗した日本は、後半一〇分、三七分にCFマルティネス、同四五分にもMFハメス・ロドリゲスに四点目を奪われ一‐四（前半一‐二）でグループリーグ敗退が決まった。カウンターから三失点を喫した上に、最後は、控えGKファリド・モンドラゴンの交代出場という八年前の悪夢を想起させる、熨斗《のし》まで付けられての屈辱的敗戦だった。この日が、四三歳三日目だったモンドラゴンは、カメルーンのFWロジェ・ミラが持つ史上最年長記録四二歳一カ月八日を塗り替えた。

敗退後は、優勝を目標とした本田ら主力選手に「夢は寝ているときに見ろ」とばかりの批判が投げつけられた。コンディショニングに失敗する代表スタッフしか持ってこれなかったのは、JFA中枢の力量の限界でもあった。戦術面に見られる一貫性の欠如は、この先も指摘され続けることになった。

契約・対決社会を生きる代表監督は、常に更迭の危機を感じている。解任につながる三連敗、大量失点などの結果と批判が首筋を寒くさせている。負けられない目先の一勝のために、戦術の熟成や新戦力の確認を棚上げにするケースも多々ある。先を睨んで若手を試せば、権勢症候群のレギュラー組が不満を募らせるからである。こうしたチームマネジメントの難しさと、コンディション調整（暑熱馴化《じゅんか》とリカヴァリーとの均衡）の失敗が重なれば、あとはもう運頼みしかないということになる。

ホームでの無敗記録を六二にまで延ばしていたブラジルが、ドイツに一-七（前半〇-五）で爆砕された七月八日の準決勝は〝ミネイロンの惨劇〟として長く記憶される傷痕となった。

決勝は、そのドイツが延長でアルゼンチンを一-〇で下し、六大会ぶり四回目の優勝を飾った。一一人目のフィールドプレーヤーと称賛された先進的GKマヌエル・ノイアーの活躍が注目を集めた。

アギーレと八百長

敗退翌日のザッケローニの辞任を受けて、今度は新監督にメキシコ人のハビエル・アギーレ、五五歳が就く。W杯期間中の内定で、イギリス人と二人のスペイン人コーチとのセットだった。

アギーレは、地元開催の一九八六（昭和六二）年W杯で最も美しいゴールをアシストしたMFとして知られた。スペイン・リーグ一部での監督歴が、四つのクラブで一〇シーズン以上あり、二〇〇二年日韓共催W杯と二〇一〇年ドイツW杯では、メキシコ代表監督を務め、いずれも一六強入りを果たしていた。

　強化のトップである技術委員長と協会専務理事をなぜか兼任していた原博実は、技術委員長の座を部下の霜田正浩《しもだまさひろ》、四七歳に託すが、二人ともアギーレの招聘に深くかかわっていた。後述する不祥事から報酬の一部返納をすることになる大仁ＪＦＡ会長のこの時代もまた、相変わらず上層部の人材難と無責任体質を内外に示す事例が少なくなかった。技術委員会の六名の委員に、日本代表歴のある人物が一人もいないのも不思議なことに思えた。

　二〇一四年九月以降のテストマッチ六試合は、新監督のお披露目と翌二〇一五年のＡＦＣアジアカップ（オーストラリア）連覇を目指すためのものだった。一〇月のブラジル戦で大敗を喫したあとは、ホンジュラス、オーストラリアに連勝し、アギーレの指導は選手から好評を以て迎えられた。

　翌二〇一五（平成二七）年一月九日からのアジアカップの結果は、パレスチナに四‐〇（前半三‐〇）、イラク一‐〇（前半一‐〇）、ヨルダンにも二‐〇（前半一‐〇）で勝利し、本田は三試合連続ゴール。無失点のまま、シドニーでの準々決勝ＵＡＥ戦を迎える。試合は、後半三六分、柴崎岳《しばさきがく》の同点ゴールで追いつくが、一‐一（前半〇‐一、後半一‐〇、延長前半〇‐〇、延長後半〇‐〇）。その後のＰＫ戦を四‐五で失い敗退した。失敗したのは、本田と香川だった。大会は優勝オーストラリア、準優勝が韓国、三位UAE。日本はベスト8止まりで帰国した。

騒動が起きたのは、大会期間中の一月一五日だった。サラゴサのリーガ残留を懸けた二〇一〇‐一一年シーズンの八百長《FIX》試合疑惑によって、アギーレがスペイン検察当局から告発される前代未聞の事態だった。すぐに蜂の巣を突いたような騒ぎとなり、二月三日の午後、アギーレは契約を解除される。七時のNHKニュースのトップで報道されるほどの出来事だった。

推定無罪が近代法の基本原則である以上、被疑者の推定有罪はあり得ない。アジアカップ準々決勝敗退が、皮肉にも更迭のための好材料となった。JFAは三月一二日に三代連続の外国人監督を迎える。

ザックのときもそうだったが、当事者からの丁寧な報告も反論もなくアギーレは立ち去った。「身体検査」の義務化がこれからの代表監督選びには必要という教訓一つだけを残して。

霜田技術委員長が次に招聘したヴァヒド・ハリルホジッチは、ボスニア・ヘルツェゴビナとフランスの二重国籍を持つ六三歳。元ユーゴ代表で、フランスリーグの名FWとしても知られる存在だった。九つの欧州、アフリカ各国クラブでの指導者歴のみならず、いつの間にか監督選択の基準となったW杯本番での采配歴においても、アルジェリア代表（一四年大会）を一六強に導いた経験を有していた。特に決勝トーナメント一回戦のドイツ戦では、八二年スペインW杯（二‐一）の再来寸前までドイツを追い詰めた。GK兼リベロのノイアーの活躍がなければ一二八分二一秒のどこかでドイツ代表監督レーヴの夢はついえていた。結果は延長一‐二だった。

二〇一五年三月二七日のホーム、チュニジア戦（二‐〇〈前半〇‐〇〉）を皮切りに、仕事熱心なハリルは、この年を中国・武漢《ウーハン》での東アジアカップ初戦、北朝鮮戦（一‐二〈前半一‐〇〉）の負けだけで、一三戦して八勝四分け一敗で終える。そのうちの三勝には、ロシアW杯アジア二次予選でのカンボジア、アフガニスタン、シリアが入っていた。本田、岡崎、香川らがゴールを決めた。

テグさんの五輪代表

その一方で、手倉森誠《てぐらもりまこと》監督（愛称テグさん）による二〇一六（平成二八）年夏季リオデジャネイロ五輪出場は、六大会連続一〇回目へのチャレンジだった。一四年一月に四七歳で五輪監督に就任した手倉森は、ベガルタ仙台で六シーズン采配を振るい、一二年にクラブを過去最高のリーグ二位にまで上げた手腕を持つ。だが、二〇一五年一月の予選突破に関しては、楽観を許さぬ状況だった。ゆとり教育を受けたアンダーカテゴリーの育成世代（U21、U19、U16）が低迷し、大人しく目立たない代表選手たちは「期待薄世代」とまで言われ始めていた。同じ手倉森のチームが、前年（二〇一三年）、AFC U22選手権をベスト8で終えたことも期待薄に拍車をかけた。二〇一六年一月のリオ五輪最終予選兼AFC U23選手権（カタール）で上位三チームに入れなければ、リオ行きはなかった。

出て当たり前の空気と、チーム力がはかばかしくない現実。そんな切り裂かれそうな状況のもと、U23代表は、4-4-2の日替わりメンバーで、北朝鮮、タイ、サウジアラビアを下して決勝トーナメントに進む。スコアレスで延長にもつれた準々決勝、対イラン戦は三-〇（前半〇-〇、後半〇-〇、延長前半一-〇、延長後半二-〇）。出場権獲得が懸かる準決勝、対イラク戦でも先制し、二-一（前半一-一）で予選突破を決める。決勝こそ韓国に後半二一分までに二点差をつけられる展開だったが、MF矢島慎也と俊足FW浅野拓磨の二ゴールで、終わってみれば、三-二（前半〇-一）の逆転勝利。無敗で優勝し、懸念されたリオ行きを決めた。

同年八月のブラジル・オリンピック本番で、日本五輪代表は、資金難で到着が危ぶまれたナイジェリア、コロンビア、スウェーデンとともにグループBに入った。オーバーエイジ枠三名の選考では、海外移籍中の選手を呼ぶことができず、左SB藤春廣輝《ふじはるひろき》(G大阪、当時二七歳)、CB塩谷司《しおたにつかさ》(広島、同)、FW興梠慎三《こうろきしんぞう》(浦和、三〇歳)が入った。

八月四日夜七時からの初戦では、ナイジェリアに先制するも、四-五(前半二-三)。快速FWオグヘネカロ・エテボ(二〇歳)一人に四ゴールを奪われる、まさかの展開となってしまった。

巻き返さなければならない二戦目は、中二日で同じ北部マナウス、アレーナ・アマゾニアでの対コロンビア(二-二〈前半〇-〇〉)。後半一四分に先制された日本には、同二〇分のDF藤春廣輝のオウンゴールが重くのしかかった。二三分、FW浅野拓磨、二九分、MF中島翔哉《しょうや》のゴールで必死に追い上げたが、二戦を終えて、一分け一敗。二年前のブラジルW杯によく似た悪い流れになってしまう。

八月一〇日、北東部サルヴァドール、アレーナ・フォンチ・ノヴァ、夜七時からのスウェーデン戦は、後半二〇分の矢島慎也のゴールを守り切り、一-〇(前半〇-〇)。現地夜一〇時からのコロンビア対ナイジェリア戦の結果待ちとなったが、一位進出を決めているナイジェリアは、〇-二(前半〇-一)で敗れてしまう。コロンビアが引き分けか負けなら、日本が準々決勝でブラジルと当たる状況だっただけに惜しまれた。金メダルは開催国ブラジル、銀は、ドイツ、銅はナイジェリアだった。

そしてロシアW杯へ

二〇一六（平成二八）年以降の最大関心事は、やはり日本代表のW杯アジア最終予選だった。ハリルの代表チームは、初戦となった九月一日ホーム埼玉でのUAE戦を一-二（前半一-二）の逆転負けで失い、悪いスタートを切ったが、その後はアウェーで、タイ（二-〇〈前半一-〇〉）、埼玉でイラク（二-一〈前半一-〇〉）に連勝。アウェー、メルボルンでは前半五分、MF原口元気のゴールで先制するも、オーストラリアに一-一（前半一-〇）。しかし再び埼玉で、MF清武、原口の得点によりサウジアラビアを二-一（前半一-〇）で下し、その年を七勝一分け二敗で締めくくる。就任以来、三連敗が一度もなくスパルタンなところなどは、トゥルシエ時代を思い起こさせた。

二〇一七年の三月に入り、最終予選は二巡目に入る。難しいアルアインでのアウェー、対UAE戦を、二-〇（前半一-〇）、ホーム埼玉でタイにも四-〇（前半二-〇）で連勝。六月の代替地テヘランでのイラク戦も、CF大迫の先制点により一-一（前半一-〇）で終える。

吉本隆明が示したヒント

そして、二〇一七年八月三一日木曜夜、本大会進出を懸けた埼玉で、オーストラリアに二‐〇（前半一‐〇）と快勝。日本代表は、ジッダでのサウジアラビア戦を残して、ロシアW杯の出場権を得る。前半四一分のFW浅野の先取点もさることながら、後半三七分のMF出手口《いでぐち》陽介のスーパーなミドルシュートが場内を沸かせた。本大会には最早、出て当たり前という微妙な空気が漂う中での第一ノルマ達成の余韻は、以前のように長くは続かなかった。

ベテラン海外組との競争と融合を重要課題にしたこのチームは、師走に東アジアE1選手権（旧ダイナスティ杯、東アジア選手権・東京）を迎える。ハリルホジッチは国内リーグ勢を試すが、北朝鮮（一‐〇〈前半〇‐〇〉）、中国（二‐一〈前半〇‐〇〉）に連勝したあとの韓国戦を一‐四（前半一‐三）で落とす。キープ率こそ五〇パーセントだったが、シュート数は、五‐一六で、コーナーキックも三‐七と大きく下回った。新戦力を探す、さほど大きな意味を持たぬ試合だったが、日韓戦に特別な思い入れを持つ者たちを唖然とさせる、無策で低モチベーションのB級マッチだった。二連覇したのは韓国だった。

五輪、アジアカップ、Ｗ杯を指標として、この一〇年余りを直線的に誌《しる》してきたが、今後新たに加えるべきものは、ＡＦＣチャンピオンズリーグの経緯だろう。八〇年代のアジアクラブ選手権の発展形として、二〇一三年からは全試合ホーム&アウェー方式が実施されている。すでに日本勢では、〇七年に浦和、〇八年ガンバ大阪、二〇一七年には浦和が頂点を極めている。しかし上には上がいる。クラブ別戦績では、九七、九八、〇九年に浦項《ポハン》スティーラース（韓国）が優勝し、アジアン・クラブの頂点に立っている。

この間、Ｊ１は一八クラブに増え、地域再生の困難と重なるかのような苦戦を強いられている。二〇一七年には国際スポーツメディア企業、パフォーム・グループ（本社・ロンドン）のＤＡＺＮ《ダゾーン》と超大型契約（一〇年、二一〇〇億円）を結びリーグは大いに潤ったが、優勝確率が一八分の一でしかない苛烈さに耐える情熱が求められる中で、同時にそれはサッカー大衆の興味・関心の拡散化ともつながっている。

Jリーグの歴代優勝チームはどこでしょう。世間の人は答えられないかも。サッカー界の人間ですら「どこだっけかな」と一瞬、考えてしまうことがある。

こう自らのサイトで綴ったのは、ほかならぬカズその人だった（三浦知良オフィシャルサイト「BOA SORTE KAZU」二〇一六年九月一六日）。

欧州チャンピオンズリーグのほうが、各国代表よりチーム力が上だという事態がコア・ファン層の共通理解となった今、Jリーグのみならず代表戦においてもかつてのような物語形成は難しくなっている。それが、仮にビッグカードであっても、次が保証されている「ただの現在」の飽くことなき時間消費のように思えてしまうときがある。

起承転結の「起」がメキシコシティ五輪の銅メダル獲得であれば、「承」は長く抜け出せなかった絶望的抗戦期。山が動いた全国リーグのリニューアルとW杯初出場が「転」で、今は、あてどもなく続く「結」の延長線上にあるようだ。そうだとすれば、幻滅へと導く離脱感情の芽生えの予感のなかで、再び何を「起」とすればよいのか。

随分前に、意外な人物が、重要なヒントとなる見識を述べている。

日本のサッカーも真似だけでは足りない場合には、欧米にはすでに失われたもので、まだこちらにあるようなものをプラスしていく方法があると思うんです。

自分たちに固有なものと「世界普遍性」の二重性を持たなければいけない。真似だけ

に終わらずに、ナショナルなところと「世界普遍」の二重性を発見することができるのは、中途半端な国の特色であり、いいところですよね。そのためにはもちろん、何が世界普遍的なのかをつかんでいなければなりませんね。

（吉本隆明インタビュー「トルコ戦に負けて考えたこと」、「文學界」二〇〇二年八月号）

「御雇外国人」の時代が終わり、若き自国民A代表監督の道を模索すべきときが来ている。遥か昔、一九六八年の五輪銅メダル獲得は、当時三八歳の監督（長沼）と三七歳のコーチ（岡野）による達成だった。九七年のワールドカップ初出場を決めたときの監督（岡田）は四一歳。アシスタントコーチ（小野）は三五歳だった。過剰な外部注入策が、日本人指導者の空洞化を招いてはいないだろうか。

改めて思う。せめてサッカーだけは、政治の世界と対極にある若さと知性の輝く場でありたい。国内外のキング・オブ・スポーツでありたければ、老醜渦巻く既成の価値観に勝るものでなければならないと今、念ずるように思う。その先を信じて、ＪＦＡは曲がり角を曲がる勇気を持つべきなのだ。

最終節　不服の諸相と改善案

ジーコ時代の終わりに噴き出した川淵独裁批判

自分自身はいつまでやれるのかという問いかけもないままに、八七歳の現役サッカー選手を取材したことがある。四〇代の頃だった。予想した通り、その人は大卒だった。今のように男女の過半数が、短大・大学に進める時代ではなかった。同じ大正生まれの私の父親も大学を出ていないし、相撲以外のスポーツには生涯興味を示さなかった。青春のすべてが帝国海軍にある気の毒な世代だった。

八〇代の現役選手は、老いたとはいえ、余裕派の佇まいを醸し出していた。そのオールドマンの体現していた「アマチュアに引退はない」に逆らう訳ではないが、私の〝引退〟はジーコが日本代表監督をしていた五〇歳の年。ＪＦＡが始めた全国シニア（六〇歳以上）サッカー大会にもまるで興味が持てなかった。

それから先は、「草サッカーの代わりに何を?」と聞かれるたびに、英国流定番ジョークを飛ばすことになる。

「今はもっぱらジャムを煮ています。フットボーラーからフルーツボイラーに転身しました（笑）」

光陰矢の如し。二〇〇二（平成一四）年にキャッチアップがなされ、ワールドカップ出場は最低の条件になった。そしてジーコが率いた〇六年大会からは、グループリーグ突破が最低ノルマに変わる。決勝トーナメント一回戦進出（一六強入り）が国民の満足・不満足の分かれ目となり、もしそれが叶わなければ、青息吐息の紙メディアにとっては、誰が言ったか、「焼け野が原」。専門誌がサッカー情報の基本インフラだった時代は、とうに終わりを告げていた。そして、惨敗すれば業界不況に見舞われること必至という懸念が、現実のものになってしまう。高度成長の歪みである。

あの時代ならではの大いなる幻滅があったのだろう。私は左のような一歩も二歩も踏み込んだ原稿を書いている。

中田の引退にあたって思うのは、U-17でのデビューからの13年間がグローバル化の時代と見事なまでに重なったことである。ポスト・バブルの時代に、誰もが携帯電話とパ

ソコンを買い求め、電子メールを始めた。海外観戦は日常化し、欧州各国リーグは地球大の戦略を持つようになった。中田ヒデは、98年に、もたつくサッカー協会のサイトを横目に公式ホームページを起ち上げ、ピッチ外でも強者たらんと戦略的に振る舞う。大部数の自著や堂に入った広告モデルぶりに目を細める人もいれば、有名ブランド好きの変人と括る人もいた。

選手キャリアの最後には、U-17世界選手権時代の団長でもあった川淵三郎共々怪物化し、そのキングメーカーに至っては、

「すぐにはサッカーの仕事をしないとは思うが、15年か20年後には会長をやって欲しい」

この軽率な後継指名は、職権濫用と咎められたフシさえない。

時代の寵児・中田が代表チームにもたらした功績は無論いくつもある。しかし或る時点からのぼくの関心は、「このスタープレーヤーを誰がいかにしてマネージメントするのか」に横滑りしてしまった。最も成功した若者・中田のことよりも、厳密な一貫性をもって断固として原則を適用できる偉大な協会会長や代表監督の不在が気にかかった。

（中略）良薬が口に苦いことを教わらぬ間にグローバリズムの申し子・中田の現役生活が

終わった。テレビの引退特番に映る中田が、ジーコCOO（最高執行責任者）の寵愛を受けた生産性の上がらぬ工場長の苛立ちに見えた。

（「ナンバー・プラス　永久保存版　中田英寿」二〇〇六年八月刊、文藝春秋）

川淵はこの頃すでに六九歳。徳望と人を見る目の無さはすでに業界雀のあいだで知れ渡っていたが、世間一般では、今なお、名チェアマンとしてのオーバーレイティングを受けている。事の始まりは、それまで無給のボランティアだった協会会長職を有給制にしたことにあった。自己愛の強さと見られて、まずそれが旧世代のわだかまりを生んだ。人間性の豹変によって周囲を悚然《しょうぜん》とさせ始めたのは、二〇〇三年頃からだろう。怒りのマネージメントが利かなくなってからは、〝被害者〟によるメールや電話が私の書斎にまで舞い込むようになり、その度にうんざりさせられた。

「サッカー批評」（双葉社）が二〇〇八年の夏に「日本サッカーの十戒《じっかい》」という大特集を組んだ。私は「リーダーたる者、晩節を汚すべからず・川淵時代の考察」を依頼され、「我らが非凡人会長、その高過ぎる熱の功罪」という一〇ページもの原稿を寄せた。編集部による次のリード文があの時代の空気を伝えている。

抜群の突破力で日本サッカー界を牽引してきた川淵三郎会長の任期も残すところあとわずか。３期６年に及んだ会長時代は間もなく終焉を迎えようとしている。「裸の王様」「ルイ14世」「老害」……

ここ数年、度重なる失言・妄言などもあり、ネット上では川淵会長に対して罵詈雑言の集中砲火が浴びせられることも珍しい光景ではなくなった。昨年末に本誌で行なったアンケートでもその功罪を問う声が多く寄せられていた。けだし感情論で終わらせてはいけないだろう。今こそ、川淵会長時代のやるせなさをみなで共有すべきではないのか。

（季刊「サッカー批評」issue39、二〇〇八年六月刊、双葉社）

そう、キーワードはたしかに「やるせなさ」なのだった。前代（岡野会長）との比較を挙げれば、次のようになる。

[前]：非常勤・無給（講演などで補填）＋前例踏襲的＋ホンネ沈黙＝権威堅持

[現]：常勤・有給＋公用車＋改革・成果重視＋ホンネ吐露＝権威喪失

こうした排ガス規制のような文章を書いていても愉しい訳がない。協会を丸の内御三家のような大組織にしたくても、結局は番頭、大番頭のいる前近代的商店だっただけという話に過ぎなかった。眉根にしわを寄せているうちに、こちらまで人相が悪くなってしまった。

ＪＦＡはＡＤカード（取材許可証）の発給時に、差配の権利を握っている。ワールドカップなどの国際大会の取材申請枠には限りがある。取材記者が数える程しかいなかった九二年のダイナスティ杯（北京）あたりを最後に立場が逆転したのだ。

〇〇〇様
上記申請についてお断りいたします。
日本サッカー協会広報事務局
取材スペースの都合上、ご理解下さいますようお願いいたします。

これが、ライター、カメラマンにとっては判決文のような意味を持つ。高圧的になる流れがメディアを萎縮させ、議論の呼び水となる舌鋒鋭い記事は鳴りを潜めて行く。二〇〇二年の日韓共催W杯以後は、「朝日」のような報道機関がＪＦＡのサポーティングカンパニーになることを厭わなくなった。双方が身構えるような状態からは脱せても、軽率さの見張り番をメディア自らが放棄することで、人間の絶対的幸福が帰順にあることを証明してみせることになった。

原稿のラストは少し長い引用になるが、以下のように結んだ。

後継者づくりの要諦は、まずゆずり葉よろしくその「私」がすっきりと立ち去ることでしょう。増え続ける最高顧問、特別顧問、名誉会長、名誉副会長などのアマチュア的な階梯の設置は、外に対しての信用維持システムのつもりなのでしょうが、じっさいは後進への不信装置として機能してしまいます。残す必要がどうしてもあると考えるのなら、まずは自らが立ち去ることです。

本物の「惜別」なしに我らが非凡人会長の神話形成はもはや不可能と思わざるを得ません。年間収入１７０億円を超す組織の、世界にほとんど類を見ぬＪＦＡハウスやその狭からぬ名誉会長室はたしかに偉業の証でしょう。しかし同時に何か浮かばれなかった時代の恨みでも晴らすかのように過剰なのです。

とは言えそんなことより、彼の３期６年の任期のあいだで、もしかするとこの発散的競技には、ルールの単純性や道具を使わぬその卑近性ゆえに、思慮深い一流の人間を創りにくい何かがある。日本人が長くファーストスポーツに選ばなかったのにも、それ相応の理由があったのではないか――と結論づける人たちが当のサッカー関係者の中から出てきたその事こそが問題なのです。

それは他でもない、同じフットボール部族という黙約を解消する判断にも繋がりかねません。最高責任者として決定的にまずかったのはやはりそこでしょう。

〈サッカーはけものの叫びファシストの夢テレビなき庵にまどろむぞよき〉
〈民衆とは恐ろしきものサッカーの赤いシャツより目そむけて恥じる〉
（大庭みな子『浦安うた日記』）

――これらの短歌にも象徴的な下半身劣位イデオロギーがふたたび台頭しかねない今を憂慮する必要があります。そのことはスポーツ経済人としては非凡でありながらも、全体像としてはセレブリティー好きの一凡人でしかなかった人物の帰結点を如実に示す

ものでもあるようです。

プロリーグをたち上げた剛腕としての声価は定まっている。だが、不思議なことにJリーグたち上げのオリジナル2とでも言うべき木之本興三《きのもとこうぞう》（故人）、森健兒《もりけんじ》の両氏はいまだもってサッカー殿堂入りが果たされていない。裏で日本サッカー殿堂（JAPAN FOOTBALL HALL of FAME）を統《す》べる過大評価された人物がいるとしか思えない。官僚の世界で露見した忖度《そんたく》の構造が、ここでも出来上がっているのだろう。心の弱い、レゾンデートル（存在価値）を懸けることの出来ない人たちばかりの顕彰組織では真の功労者が泛《う》かばれない。

脱コモディティ化としての戦術決定論

日本サッカーは、二〇一〇年代に、ある転換を迎えた。コモディティ（日用品）化が始まったからである。なくては困る大事な必需品が市場流通によって個性を失い、メーカーの差異化戦略が限界を示す状態とどこか似てきたのだ。無論、同質化の段階にまで達すること自体が大変なことだし、低価格によるコモディティ化などは、最初からそれを目指す販売戦略でもある。これは偉大なる飽和状態の始まりとも言えるだろう。

二〇一六（平成二八）年、FIFAクラブワールドカップ・ジャパン決勝ではチャラさと無縁の鹿島アントラーズが横浜国際でレアル・マドリッドを追いつめた。延長戦を終えてみれば、二‐四（前半一‐一、後半一‐一、延長前半〇‐二）だったが、鹿島のあと一息は努力の謂《い》いではなく「歴史的ため息」（「東京新聞」見出し）と同種類のものだった。だが今後、仮にJリーグのクラブが、開催国特権なしで予選突破してクラブW杯で世界一に輝いたとしても、栄光の余韻やブランド力はどれほどのものになるのか。日本型銀河系クラブを共有できる人は案外多くないのかもしれない。そこでも、もう一つの価値創出による脱・コモディティ化が求められている。

そんなもやもやの解消を先取りしたのが、ゼロ年代末あたりからの戦術決定論ブームだろう。複雑な要素が絡み合う分裂気質のサッカーは、記録のみならずパターン（型）にも価値がある。布陣（フォーメーション・並び）中心の戦術からの必勝法を有り難がる読者は、確実に存在する。じっさい、キックオフ直前の両チームの布陣（四‐二‐三‐一、三‐四‐三 etc.）ぐらいは実況中継で必ずアナウンスされるべきだが、スルーされる場合がほとんどだ。そこに〝商機〟があった。だが、容認不要の机上理論だけがすべてではない。現場の声が反映されない反実証主義的とも言える戦術決定論を、胡散臭《うさんくさ》く思う読者が少なくないことは、アマゾンなどのレビューでも確認できる。

システム依存による主格転倒を表す好事例についてのコラムを書いたことがあるので、少し紹介したい。「サッカーマガジン」に寄せた「薩川了洋《のりひろ》が語る、1998年の〝FCバルセロナ〝体験〟」がそれだ。

横浜フリューゲルスの監督に、チャーリー（カルロス）・レシャック・セルダ（当時五四歳）が就任した。九八年のことだった。レシャックは、バルセロナの選手としてスペイン・リーグの得点王にも輝いた名FW。引退後はクライフ監督時代のバルサのヘッドコーチとして黄金時代の構築に貢献し、二〇〇二年までに二度の暫定監督を務めた人物だ。フリューゲルスでは、3‐5‐2による前年までのリアクション・サッカーからの脱皮を図るために3‐4‐3システムへの変更が模索された。

あの横浜国際競技場が、クライフ仕込みの3‐4‐3システムの実験場となったことに新鮮な驚きを覚えた。ツボにはまると、五‐一、四‐一、三‐〇のようなスコアが出現した。ファーストステージでは七連勝し、一〇勝七敗。しかし負けるときは、簡単に三点差をつけられた。

結局、レシャックはセカンドステージ第五節以降、五連敗を喫し、残り九試合を残したところで解任。戦績は、九八年ファーストステージが一〇勝七敗の八位。八月下旬に再開したセカンドステージではふるわず二勝六敗。その後の九試合をゲルト・エンゲルスが建て直し、七勝二敗。トータルでは勝ち越し、秋口の対セレッソ大阪戦では七‐〇（前半五‐〇）の結果まで現出させ、一八チーム中の七位にまで持っていった。フリューゲルス解散合併問題の渦中での天皇杯優勝は、それから間もなくのことだった。

それにしても、あの試みは一体何だったのか。私は当時のDF薩川了洋（現・JFL奈良クラブ監督）に話を聞こうと思い立った。以下は二〇〇一年当時のインタビュー（「サッカーマガジン」連載コラム「バックスタンドの眼」）である。

とにかくディフェンスの練習をしないんですよ。4対2のボール回しからスタートして、5対3、5対4、7対6とか、一人フリーマンを置いた9対8。レシャックも入ると、これが結構、巧いんだよね。フリーマンを有効に使うときの顔の出し方や素早いパス出し、パス回しにこだわったね。数的有利を作ってのことだから、はまると凄い。

どっちかと言うと、3点取られても4点取り返しゃいいんだという感覚だったと思うんだよね。面白いサッカーだなとは思うけど、相手と1対1の局面になる確率が凄く高かった。自分の強さが見せられる訳だから、苦しい半面、面白いところは沢山あったけど。

とにかくクライフが監督をしてた時に、能力的に凄く高い人ばかりがこなしてきたシステムでしょ。「おい、ここで同じ感覚でやるなよ」と（笑）。そのうちにこっちもカラダが慣れてきて、攻撃という面ではイケるサッカーなのかな、と思い始めて。レディアコフやフットレがドドドドーンと点入れる時の感覚が凄かったんです。横浜国際のピッチがぐちゃぐちゃになるくらい水撒かせて、ボールが回るようにしてたから。

でも、試合が終わると、きついんですよ。機転が利くタイプの選手がいればいいんだけど、オレ含めて、永井秀樹、原田武男、三浦淳（宏）とあんまりそっちのタイプじゃない。サンパイオや山（口素弘）もヘロヘロになっちゃったりで。とにかく走る距離が長いから。キーパーの楢（崎正剛）もその頃はまだ出始めだったから、守備範囲が狭かった。

ああいう実験的なシステムには、時間もかかるよね。日本にそんなシステム持ち込んだのは、レシャックが初めてだったから。

結論を言うと、攻めはいいけど、守りは素人みたいなことで、布陣に合う人材がいなくてうまくいかなかったんじゃないかな。それとレシャック監督は、たぶん取られて取り返す試合結果の３‐２とか３‐４とかのほうが好きだったんだと思う。

レシャックが帰国したあとにエンゲルスが昇格したんだけど、ボール回しに関してはいい影響が残ったんじゃないかな。解散目前のフリューゲルスの天皇杯優勝は、もう気持ちだけで、戦術どうのの問題じゃなかった。いかにサッカーが気持ち次第かがよく分かりましたよ。

個人的には、日本人に合うシステムということでは３バックのほうが確実のような気がする。ただし両サイドに能力の高い人がいればの話なんだけど。４バックはカバーのし合いだから、コミュニケーションがより必要になってくる。

ヨハン・クライフ（一九四七‐二〇一六）の生前、バルセロナの自邸でインタビューをする機会に恵まれたが、この壮大な実験に対する感想を聞くのを忘れてしまった。ただ何を言うかについては、およその見当がつく。きっと「ボールテクニックが足りなかったんだろう」で終わってしまったに違いない。ドグマや理想も、テクニックさえあれば最早〈疑似現実〉などではなく、実践的なものとなる。テクニックがあれば、システムが先か、人材が先か。

ポゼッション重視か、堅守速攻か。自分たちのサッカーか、対応型戦術か。あるいはまた一元論的な戦術哲学か、重層的な非決定かと言った難題からも自由になれるというのが、クライフの思想だった。

有名なクライフの言葉「醜《みにく》く勝つなら美しく負けるほうがいい」に、「でも、降格、更迭、W杯一次リーグ敗退は嫌よ」が付着すれば、それこそ興ざめだが、日本の現実はまだ美しい敗戦を許してくれない。

東電、原発、日本サッカー

執筆の主舞台は、「サッカー批評」（双葉社）から二〇一四（平成二六）年頃に枝分かれした「フットボール批評」（カンゼン）に移っていた。無料《フリー》のインターネット・サイトに押されてか、隔月刊だった批評誌も現在は季刊サイクルである。筆一本ではきつい時代が訪れ、カメラマン含め、若手の台頭が見られなくなっている。コラムや対談で新国立競技場問題や一連のＦＩＦＡ汚職事件について吠えてきたが、自賛できるようなものは少なかった。

ＪＦＡで画期的だったのは、一四代目の会長選挙が一六年の一月に行なわれたことだろう。ただ哀しいかな、史上初の公開選挙に対する関心は低く、可視化される会長選という新たな事態に戸惑っているうちに終わってしまった印象ばかりが残る。田嶋幸三副会長兼ＡＦＣ／ＦＩＦＡ理事兼ＥＡＦＦ副会長（当時五八歳）と、原博実専務理事兼日本体協国体委員長（同五七歳）の両候補の争いは、田嶋新会長の選定（三月正式選任）で終わったが、都道府県協会と一八人のＪ１クラブ代表、関連団体代表者によって構成される評議員七五名の票数差は、四〇対三四の六差。代表牽引派の田嶋副会長が提案する東京五輪前の二〇一九年シーズン移行（Ｊリーグの夏開催）と、それに慎重なクラブ牽引派の原か——というあたりでの選択も問われた。ただし、この「開かれた選挙」もまた自発的なものではなく、問題だらけのＦＩＦＡから半ば強制されてのことだった。

自発性を欠いての他力本願、その最たる例は、原発関連費用で建設された福島のＪヴィレッジだろう。小さな村への様々な押しつけに、小さな村の力しかなかった当時のＪＦＡは東電、電事連の虜となるのを厭わなかった。国内初のナショナルトレーニングセンターとしてできたＪヴィレッジを「聖地」のように思う人がいても、原子力ムラの一員に組み込まれてきたもう一つのドーピングの歴史から逃れることはできない。

二〇〇二年日韓共催ワールドカップの日本側組織委員長の名を覚えている人が、果して今何人いるだろう。今は亡きその那須《な す》翔《しょう》という人物が、二〇〇二年の「東電原発トラブル隠し事件」で相談役を引責辞任したこともすでに忘却の彼方だ。東京電力会長にまで上り詰めた那須に、重大事故・事件での当事者能力がなかったことは、九五年のプルトニウム高速増殖炉「もんじゅ」の事故、九七年の東海村再処理工場爆発事故、動燃のドラム缶腐食放置事件後の改革をその都度阻んできたことからも明らかだ。八四年から九三年が社長、九九年までが会長というふうに東京電力のトップに君臨し、三・一一以降いっそうあらわになる東電の隠蔽体質を築き上げた人物だった。

インターネット百科事典ウィキペディアにはこうある。

なお、会長在任時には、日本サッカー界との連携を深めた。この動きとして、1997年のJヴィレッジ開設や、1998年のFC東京設立に関わり、2002年のサッカーWCでは、日本組織委員会（JAWOC）の会長を務めていた。

（ウィキペディア日本版「那須翔」の項）

組織の隠蔽体質が市場機能の不完全化を招くことは、情報経済学を借りなくても済む常識である。スポーツ関係者のアパシー（政治的無関心）もまた日本社会の悪しき伝統である。

「こんなことになるくらいなら、泉下《せんか》の那須さん、あなたは胡散臭い企業メセナ（文化・芸術支援）などせずに、福島第一、第二、それに柏崎刈羽原発のトラブル隠しや改竄問題にだけ注力していればよかったんじゃないですか」と言いたくなるのは私だけだろうか。それどころか、二〇〇二年日韓ワールドカップ共催の最高責任者であった人物の顔と名前がほとんどの人の記憶にないというこの現実は、いったい何を意味するのか……。

W杯「四八」出場枠構想は自国民監督にとっての好機

二〇一七年最大の驚きは、ワールドカップ本大会出場枠の一六増、計四八出場国枠構想（全八〇試合）を知った時だった。「WorldSoccer」サイトでのブライアン・グランヴィル（八五歳）と同じように、私自身もまたルーディクラス（ludicrous：馬鹿馬鹿しい）と思ったからだ。

FIFAはチューリッヒで開いた一月一〇日の理事会で二〇二六年ワールドカップ以降の出場国枠拡大を本当に決めてしまった。一七歳から現役フットボール作家を続けてきた大御所のグランヴィルが、ワールドカップの歴史を貶めることに心穏やかでいられぬのは当然だろう。ブラジルの五回に次ぐ四回優勝のドイツ代表の関係者が一様に批判コメントを出したにもかかわらず、外電はユーナニミティ（unanimity：満場一致）と報じた。アジア枠が二から三・五枠に増えたおかげでフランス大会に出られたのを忘れたのかと諭されても、従来の増枠は最多でも八二年スペイン大会当時と九八年フランス大会当時の「八」である。スイス人ジャンニ・インファンティーノ新会長（当時四六歳）自身が会長選立候補当時に八増の「四〇」を提案しておきながらの一六増「四八」を一言で言えば「俗悪」そのもの。権力基盤を固めるための洗脳的悪平等は当然のように歓迎された。

となればもう、八カ国でたたかわれる大陸連盟チャンピオンによるコンフェデレーションズカップのほうがよほど小体《こてい》で好ましく見えてくる。大陸チャンピオン同士の新興大会が、逆立ちした超一流ブランドに見えてしまうほどの新事態が待ち受けている。

アジア連盟加盟協会には、インファンティーノ新会長の互酬的措置（＝支持票へのお返し）による予想を上回る出場枠の増加（四・五→八〜九）が見込まれている。ＭＡＦＩＦＡとまでいわれる伏魔殿ＦＩＦＡの再出発に伴う〝特別措置〟であることは、誰の目にも明らかだった。事の本質から目をそらせる効果抜群の計略を注視すべきなのだ。

実体曖昧なＦＩＦＡ技術発展部門のトップを務める元オランダ代表ＦＷマルコ・ファン・バステン（五三歳）が、ＡＰ通信の取材で規則改定の試案をぶち上げたタイミングも怪しい。二〇一六年一二月のクラブＷ杯で持論でもあったビデオ判定を導入し一定の成果を上げたのは良いとしても、テレビCMを意識した試合を四つに割るクオーター制やオフサイド・ルールの廃止を言い出したのには呆れる。同じことを九〇年代から主張しているのが、日本の旭日大綬章《きょくじつだいじゅしょう》を〇九年に受けた（！）あのゼップ・ブラッター（前FIFA会長・八〇歳）だったことを忘れてはいけない。ブラッターの運転する「欲望という名の電車」が、相も変わらずFIFA本部のあるチューリッヒを走っている。

ただ、この世紀の愚行（四八出場枠）は、自国民代表監督を目指す者にとっての追い風とも言える。今よりもぬるい環境の中で、更迭を恐れぬ余裕のあるチームづくりと自身のブランディングに専念できるチャンスだからだ。否、そうでもしなければ帳尻が合わない。

サッカー本大賞の創設と生権力

一九八〇年代からえんえん続けて来た新刊評に関しては、サッカー本だけの書評本『夢想するサッカー狂の書斎——ぼくの採点表から』（カンゼン）を出す機会に恵まれた。その二〇一三（平成二五）年は還暦を迎えた年でもあった。帯コピーが我ながら泣かせる。

【サッカー本153冊のハードで優しい読書案内】

スポーツ本新刊評の第一人者があやなす、孤高の書評集
「本が読まれないのは、書評がつまらないからだ」
11年にわたる新刊評の濃《こま》やかな〝書痴《ビブリオマニア》的饗宴〟

第一人者かどうかには甚だ怪しいものがあるが、これが二〇一四年からの「サッカー本大賞」の創設につながった。現在は、選書家の幅允孝《はばよしたか》、翻訳家の実川元子《じつかわもとこ》と私の三人にインターネット投票を加えるかたちになっている。選考基準は、新（斬新さ）、高（クオリティ）、大（大衆性）の三要素に本づくり（装丁）の要素を加え、評価が同列に並んだ場合は、より若くフレッシュな著者や受賞歴などのない書き手を後方支援の意味で選んでいる。歴代の受賞作については次頁に作品リストを示した。手づくり感覚のごく小さな賞でありながらも少しずつ様になってきたのは、授賞式の司会を元NHKの山本浩、スポーツアナウンサーの倉敷保雄《くらしきやすお》といった方々が引き受けてくれたからだろう。ただここでも懸念材料が出てきている。

五回目となる二〇一八年度は対象となる和書が、五六冊。翻訳書は一八冊だった。冊数の多寡で言うと、和書に関してはワールドカップイヤーだった二〇一四年の一〇三冊から半減している。翻訳書は二〇一五年が最も少なく、一三冊だったが、例年、二〇冊前後という点

サッカー本大賞　歴代受賞作品リスト（2014年～現在）

2014年（第1回）
サッカー本大賞
▶近藤篤 著『ボールピープル』（文藝春秋）
翻訳サッカー本大賞
▶ジャンルカ・ヴィアリ、ガブリエル・マルコッティ 著／田邊雅之 監修『理想のために戦うイングランド、現実のために戦うイタリア、そしてイタリア人と共に戦う日本人』（学研教育出版）
読者賞
▶近藤篤 著『ボールピープル』（文藝春秋）

2015年（第2回）
サッカー本大賞
▶中村慎太郎 著『サポーターをめぐる冒険　Jリーグを初観戦した結果、思わぬことになった』（ころから）
翻訳サッカー本大賞
▶ジョナサン・ウィルソン 著／実川元子 訳『孤高の守護神　ゴールキーパー進化論』（白水社）
読者賞
▶矢野大輔 著『通訳日記　ザックジャパン1397日の記録』（文藝春秋）

2016年（第3回）
サッカー本大賞
▶下薗昌記 著『ラストピース　J2降格から三冠達成を果たしたガンバ大阪の軌跡』（KADOKAWA）
翻訳サッカー本大賞
▶ベン・リトルトン 著／実川元子 訳『PK ～最も簡単なはずのゴールはなぜ決まらないのか？～』（カンゼン）
読者賞
▶下薗昌記 著『ラストピース　J2降格から三冠達成を果たしたガンバ大阪の軌跡』（KADOKAWA）

2017年（第4回）
サッカー本大賞　※2作品受賞
▶能町みね子 著『「能町みね子のときめきサッカーうどんサポーター」、略して　能サポ』（講談社）
▶宇都宮徹壱 著『サッカーおくのほそ道　Jリーグを目指すクラブ 目指さないクラブ』（カンゼン）
翻訳サッカー本大賞
▶ヘンリー・ウィンター 著 山中忍 訳『夢と失望のスリー・ライオンズ　イングランド救済探求の時間旅行』（ソル・メディア）
読者賞
▶伊藤壇 著『自分を開く技術』（本の雑誌社）

2018年（第5回）
サッカー本大賞
▶岩政大樹 著『PITCH LEVEL　例えば攻撃がうまくいかないとき改善する方法』（KKベストセラーズ）
翻訳サッカー本大賞
▶ディートリッヒ・シュルツェ＝マルメリンク 著／吉田奈保子、山内めぐみ 訳『マヌエル・ノイアー伝記』（実業之日本社）
読者賞
▶岩政大樹 著『PITCH LEVEL　例えば攻撃がうまくいかないとき改善する方法』（KKベストセラーズ）

では、あまり変化が見られない。

ただ、和書に関しては漸減《ぜんげん》傾向で、母数の減少が著しい。このまま行くと、数年後にはゼロ冊になってしまうというのは悪い冗談だが、受賞作無しならいざ知らず、審査対象作無しではやはり困る。少子化ならぬ少冊化問題が気がかりだ。今後の課題は、賞の永続的持続と、前期高齢者になった自分自身の早い時期での退出だろう。

こうした勇退の思想をサッカー界で見事に貫いたのは、七〇年代後半の代表監督・二宮寛だった。神奈川県葉山町のコーヒーショップ「パッパニーニョ」(ベッケンバウアー命名)で頂いたオーナー二宮自らの抽出による一杯と、別邸でのビールを飲みながらの語らいのひとときが忘れられない。FC今治の会長となった岡田武史も公認S級コーチライセンスを返上し、監督業への未練を断ち切ったという。

一九六八年メキシコ五輪の栄光に始まる「青銅の時代」を経て、W杯自国開催の昂揚とともに新世紀に入り、昨今は祝祭の日々への挽歌が歌われている。一見明るいが、輝きはさほどない。そうであるが故に、今問題なのは、フランスの思想家、ミシェル・フーコー(一九二六‐一九八四)の言う「生権力(biopower)」の増殖なのかもしれない。生権力とは、国民を生きさせ、死ぬがままにしておく生命の定義を国家による新しい管理システム(=「生権力」)

が握ってしまう、「殺す権力」とは別次元の複雑な矛盾方程式を指して言う。

じっさい、命のクオリティとは無関係な、長寿で安穏な日本という迎合的認識が蔓延している。五一歳になったカズのように、長くやれることがとにかくいいという考え方に潜む寄生的な関係性を警戒すべきなのだ。国内シーンだけで完結しないのが、仮借なきサッカー界の現実である。サッカーが季節や生活に溶け込むためには、野球文化の根強さをもっと強く意識すべきなのだ。Jリーグは、プロ野球と同じ春／秋シーズン制での競合を寒冷地問題の克服とともに回避しなければならない。

サッカーの生態系は破壊されてしまった。「今よりも少し良いサッカー界」を目指す人びとが意気消沈し、反知性主義の時代が幕を開けている。長く競技規則にあった「非紳士的行為」を一九九七年に「反スポーツ的行為」とし、二〇一〇年代にはとうとうFIFAみずからが立派な「反社会的勢力」になっていた――のだからまったく笑い話にもならない。挙げ句は、そんなFIFAから「いつになったら会長を公明正大な選挙で選ぶのだ」といわれてやっと密室の扉を開けた日本サッカー協会。サッカー・ファミリーなるものからの離脱感情が芽生えてしまうのは当然の成りゆきと言えるだろう。

一九六〇年代の少年時代に「（雨天中止のない）紳士のスポーツ、サッカー」に魅入られた私が無意識のうちに目指したのは、思考の閃きを持つディーセント（decent）な選手、観客になることだった。ちゃんとしているサッカー市民であることを心のどこかで「ヒト普遍の共通の価値」と考えてきた。武張った「理念」や子ども騙しの「夢」を恥ずかし気もなく押しつけるのは野暮の骨頂。無作法さがなく控えめな「なかなか立派」で「とても親切」程度の共通の価値。それが求めるものだった。凡庸を嫌い、問いと反問を繰り返しながら「違いがわかる男」になりたいと考えてきた良識派志望の自分が今振り返るに、「多くを望みはしないが、それでは困る！」――のなんと多かったことか。

慣れてはきたが、深くはなっていない。恐らくはこれが日本サッカーの実相なのだろう。長い長い時間を費やしても、この程度の実りなのかという茫然たる思いが、本書執筆の原動力であったことをやはり最後に打ち明けておきたい。

（文中敬称略）

あとがき——辛航の終わりに

「過去はいつも新しく、未来はふしぎに懐かしい」（生田萬《いくたよろず》『夜の子供』）。

まさにこの言葉こそが、辛苦と歓笑の航跡を残しての心境である。

擱筆《かくひつ》の時点で、すでに白木蓮《はくもくれん》と桜の花弁が散り落ちていた。ロシアワールドカップは、ほんの少しだけ先の未来ということになるが、思い詰めた代表選手たちによるハリルホジッチ批判が採用され、ハリルはピッチ外のデュエル（決闘）に敗れた。「父殺し」の緊急事態で誕生した西野（朗）体制は日本人だけで構成されたが、私にはオールジャパンではなく、オールジャパンヒストリーの象徴のように思えてならない。ただ、幸いそこにはゼノフォビア（外国人嫌い）やエスノセントリズム（自民族中心主義）の悪臭は漂わない。評論家、代表OB

による代替案省略の「（監督）やめろ」発言はもはや恒例行事のようになっていたが、あまり情念的なものは感じられなかった。「自分たちのサッカー」ばかりが語られて、他者意識（対戦国解剖）が乏しいのもいつもながらのことである。

理想に燃える好漢・本田圭佑が耳の痛いことを言っていた。曰く、「四年前と比べると、会話一つのレベルをとっても、選手もスタッフもメディアもサポーターも、その基準が本当に低くなったなと」。たしかに歴史の進歩という観念は消えつつある。目的もなくサッカーを弄ぶ動物化現象と言ってもよいだろう。

すでに述べたように、日本代表チームへの期待は使命となり、今は一六強入りがノルマ化するまでに至った。ノルマ（Норма）は、そもそもがロシア語。シベリアに抑留された旧日本軍の兵士たちが持ち帰った哀しい言葉の一つだ。ロシア大会でのノルマ、これも何かの因縁なのだろう。

ワールドカップ決勝の行なわれる、八万九〇〇〇人収容のモスクワ、ルジニキ・スタジアム（スタディオン・ルジニキ／旧称セントラル・レーニン・スタジアム）は、日本選手団不参加の一九八〇（昭和五五）年モスクワ五輪のメイン会場だったところである。スパルタク・モスクワのサポーター三四〇人以上が将棋倒しによって死亡した八二年一〇月の「ルジニキの惨事」でも知られる。ＵＥＦＡカップ一九八二-八三の二回戦、望月達也《もちづきたつや》（現・ＪＦＬラインメール青森監督）の在籍したＨＦＣハーレム（オランダ）戦での悲劇だった。

死屍累々の大惨事についてもう少し言えば、一九六四年東京五輪唯一の勝利、対アルゼンチン戦にも或る種の因縁が付きまとう。日本代表の大番狂わせの前に、アルゼンチン・アマチュア代表が背負わざるを得なかった「エスタディオ・ナシオナル（国立競技場）の悲劇」のことをもう誰も覚えていない。

一九六四年五月二四日日曜、ペルーの首都・リマで行なわれた東京オリンピック南米予選は、七カ国のアマチュア代表が集まるセントラル開催。二枚しかない東京行きの切符を懸けたペルー対アルゼンチン戦で悲劇が起きた。催涙ガスでの鎮圧が誤りだった。閉じられた出口に一斉に逃げ惑うことでの圧死者は警官二人を含む推定三二八人。負傷者も五〇〇人を超える大惨事となってしまう。

つまり私たちは熱狂の代価とも言える競技の裏面を、八五年五月二九日水曜に起きたリバプール対ユヴェントス戦での「ヘイゼル・スタジアムの悲劇」（死者三九人、負傷者四〇〇人以上）よりも前から知らされていたことになる。

あとがきに、こんな愉しくもない話を持ち出してどうするのかとも思うが、ロシアＷ杯においても、ふしぎに懐かしい辛苦か歓笑のどちらかが訪れるはずだ。社会的興奮剤の一面を見せながらも、サッカーによって救われ、生の崩壊を免れる人たちがいる。それだけははっきりしている。大海原での船の修理よろしく、故障を直しながら私たちの日本代表チームは「勝利こそが宿命」という心構えでなんとか又やり終えるのだろう。

＊

『ワールドカップの国別勝ち点ランキング』があるのを知ったのは、一九八六年メキシコW杯後のことだった。本書の一八一ページにも出て来るＦＩＦＡ公式記録書によって、初めてそれを目にすることができた。不朽、不滅を意味する元々の〈Permanent Table〉や〈Die《ewige》Rangliste〉などの外国語タイトルの訳がそれでよいのかで迷うが、まだ勝ち点を今のような「三」ではなく「二」で換算する時代のものだった。

その表は、縦に一位のブラジルから最下位五五位のエルサルバドルまでが列記され、横最上段には、一九三〇年ウルグアイ大会から一九八六年メキシコ大会までの一三回分の枠が並んでいた。

頂点に立つブラジルに関しては、左から六二‐四一‐一一‐一〇‐一四四：六三‐九三という数字が横に並ぶ。これは試合数、勝利数、引き分け数、敗戦数、総得点：総失点、総勝ち点という順なのだった。次いで、歴代大会での順位が、六‐一四‐三‐二‐五‐一‐一‐一一‐一‐四‐三‐五‐五と並ぶ。対応するのは、ウルグアイ、イタリア、フランス大会、第二次大戦後の一九五〇年に一二年ぶりに再開するブラジル大会、スイス、スウェーデン、チリ、イングランド、メキシコ、西ドイツ、アルゼンチン、スペイン、メキシコ大会という順だった。

あれから三二年が経って、出場歴のある国・地域は八二にまでなった。一八年ロシア大会初出場のアイスランドとパナマを足せば、ＦＩＦＡに加盟する二一一協会中の八四にまで増えたことになる。

この種のもので、今の日本をあたると、出場六回目の日本は三五番目の位置にいる。一七戦して四勝四分け、九敗。一四ゴールを挙げ、二二失点。仮にロシア大会で七連勝しても、一〇位台には食い込めない。

この日本の上には、五勝九分け一七敗の韓国が二九位にいて、日本の下には二勝三分け、八敗の四六位オーストラリアがいる。同じアジア連盟所属国では、五五位のイラン、五八位の北朝鮮が続く。最上位は言うまでもなく七〇勝しているブラジルで、四五勝のイタリア以下、アルゼンチン、（西）ドイツ、スペイン、フランス、オランダ、イングランド、ウルグアイ、スウェーデンと続く。

ロシアで日本が再び対戦するコロンビアは歴代七勝九分け二敗で二七位。セネガルは二勝二分け一敗で五一位、ポーランドは一九七四年西ドイツ大会と八二年スペイン大会の三位が効いて、一五勝五分け一一敗と勝ち越し、一四位に着けている。

日本代表との対戦成績では、二〇〇三年の初対戦以来、コロンビアとは〇勝一分け二敗。八七年初対戦のセネガルとは一分け二敗。九六年初対戦のポーランドとは、やや意外なことに二勝〇敗の結果となっている。

こうした国際Aマッチ対戦戦績をあたると、一九五四年三月七日に始まる韓国との試合が突出して多いことに驚かされる。痛かったのは、一九九一年までに、引き分けを挟んでの八連敗二度、五連敗、六連敗各一度ずつという汚点を残してしまったことだ。逆に日本はせいぜいが連勝までで、PK戦以外で三連勝したことは一度もない（引き分け扱いのPK戦だけは日本に分があり、三勝一敗なのだが）。全七五戦で、一三勝二三分け三九敗という結果も相当悲惨だが、〝借金〟二六の返済を意識しながら、伝統の一戦として大切にたたかって行くしかないだろう。

こんな負け癖のついた歴史を振り返るのは、決して愉快なことではない。本書後半途中から漸くまともにたたかえる時代に入るわけだが、筆が現在に近づくにつれて、関係者命終《みょうじゅう》の現実とも向き合わなければならなくなった。その都度、「故」や「今は亡き」を付けるわけにもいかず、気が滅入っていった。あの人は、九八年大会までだったか……、彼の場合は、二〇一八年の西野ジャパンを見ずして逝ってしまったのか……、と弔鐘《ちょうしょう》を鳴らしながら書き続けているうちに、昨秋、とうとう体調を崩してしまった。

そんなときにふと思い起こしたのが、次掲する川端康成の有名な芸術論『末期《まつご》の眼』（一九三三年）だった。

修行僧の「氷のやうに透み渡った」世界には、線香の燃える音が家の焼けるやうに聞え、この灰の落ちる音が落雷のやうに聞えたところで、それはまことであらう。あらゆる芸術の極意は、この「末期の眼」であらう。

死を意識することで初めて見えて来るものがたしかにある。サッカーについて書く本は、もうこれで最期という、それこそ透み渡った気持ちで自分を奮い立たせてなんとか帰港地にたどり着くことができた。ここから先のクロノロジカルな辛航紀が、混沌状態から脱した

「歓笑紀」となることを祈って船酔い続きだった日本丸の檣楼《しょうろう》から下りることにしたい。上梓にあたっては、光文社新書編集部の樋口健氏にお世話になった。明記はしないが、本書が多くを負っているすべての方々にも御礼を述べたい。

佐山一郎

佐山一郎（さやまいちろう）
作家・編集者・立教大学社会学部兼任講師。1953年東京生まれ。成蹊大学文学部文化学科卒業。「スタジオボイス」編集長を経てフリーに。2014年よりサッカー本大賞選考委員長。著書に、『「私立」の仕事』（筑摩書房）、『闘技場の人』（河出書房新社）、『雑誌的人間』（リトルモア）、『VANから遠く離れて——評伝石津謙介』（岩波書店）などがある。

日本《にほん》サッカー辛航紀《しんこうき》　愛《あい》と憎《にく》しみの100年史《ねんし》

2018年5月30日初版1刷発行

著　者 —— 佐山一郎
発行者 —— 田邉浩司
装　幀 —— アラン・チャン
印刷所 —— 堀内印刷
製本所 —— ナショナル製本
発行所 —— 株式会社光文社
東京都文京区音羽1-16-6(〒112-8011)
https://www.kobunsha.com/
電　話 —— 編集部03(5395)8289　書籍販売部03(5395)8116
業務部03(5395)8125
メール —— sinsyo@kobunsha.com

ISBN 978-4-334-04352-0

945

日本の分断

切り離される非大卒若者《レッグス》たち

吉川徹

団塊世代の退出後、見えてくるのは新たな分断社会の姿だった――。計量社会学者が最新の社会調査データを元に描き出す近未来の日本。社会を支える現役世代の意識と分断の実態。

978-4-334-04351-3

946

日本サッカー辛航紀

愛と憎しみの100年史

佐山一郎

「日本社会」において「サッカー」とは何だったのか。一九二一年の第一回「天皇杯」から、二〇一八年のロシアW杯出場までおおよそ一世紀を、貴重な文献とともに振り返る。

978-4-334-04352-0

947

非正規・単身・アラフォー女性

「失われた世代」の絶望と希望

雨宮処凛

「失われた二〇年」とともに生きてきた受難の世代――。仕事・お金・介護・孤独……。現代アラフォー女性たちの「証言」から何が見えるのか。ライター・栗田隆子氏との対談を収録。

978-4-334-04353-7

948

天皇と儒教思想

伝統はいかに創られたのか?

小島毅

「日本」の国名と「天皇」が誕生した八世紀、そして近代天皇制に生まれ変わった十九世紀、いずれも思想資源として用いられたのは儒教だった。新しい「伝統」はいかに創られたか?

978-4-334-04354-4

949

デザインが日本を変える

日本人の美意識を取り戻す

前田育男

個性と普遍性の同時追求、生命感の表現、匠技への敬意。経営危機の自動車会社を世界一にしたデザイン部長の勝利哲学。新興国との競争で生き残るには、一つ上のブランドを目指せ!

978-4-334-04355-1